家事のニホヘト

伊藤まさこ

新潮社

まえがき

掃除に洗濯、買いもの、料理、子どもの相手……
いったいどこからどこまでを、
「家事」っていうんでしょうか？
やってもやっても終わりがなく、
「ハー」などとため息つきたくなる時もあるものです。
なんせ毎日のことですものね。
でも、ちょっと待って！
せっかくならば、楽しく、
そして気持ちよくできたら……と思うのです。
この本では
私がいつも当たり前にしている家事のいろいろをご紹介。
「えっ？」と驚いたり、
「こんなことしてるのー！」
などとつっこみを入れたりしながら
ページをめくってもらえたらいいなと思います。
そして、「よし。掃除でもしてみるか」
とやる気になってくれたらうれしいです。

もくじ

2 —— まえがき
4 —— 毎日キュッキュ
10 —— もやり退治
18 —— 見えないもやり
24 —— 洗濯物バンバン
32 —— コラム　苦手な家事はプロにお任せ
34 —— ホウキとブラシ
42 —— 布のある生活
50 —— ピクニックへ
58 —— ざっくり収納のすすめ
66 —— コラム　子どもとお手伝い
68 —— ワンマイルのおしゃれ
76 —— もしものために
84 —— 「あずき三粒」の教え
92 —— Q&A
94 —— 理想のゴミ箱を探して
100 —— 思い出のしまい方
108 —— コラム　物の量をいつも一定に
110 —— 一日の終わり方
118 —— あとがき

毎日キュッキュ

とつぜんですが、ぞうきんどうしてますか？
手で縫ったぞうきんはぬいぐるみに対するような愛情が涌いてしまって「使うのがもったいない」という気持ちになってしまう私。かといってスーパーでぞうきんを買うのもちょっと。それよりなにより一番気になるのは、使ったあとのぞうきんの置き場所です。目につくところには置きたくないけれど、しまい込むと使う時に億劫。どうしよう、どうしたらいい？　……試行錯誤の末に行きついたのが「着なくなったTシャツを適当な大きさに切ってぞうきんにする」ことでした。これを小さなかごに入れて汚れが気になったらさっと取り出し、水で濡らしてぎゅぎゅーっとしぼり、あらゆるところを拭くのです。キッチンのコンロまわりの油はねはもちろん、冷蔵庫の取っ手、食器棚の中、椅子の足、竹のかご、ゴミ箱の中、窓の桟……汚れに気がついたら拭く。気がつかなくても拭く。とにかく拭く。拭き終わったら、ゴミ箱にポイと捨てて掃除はおしまい。不要な服の処分ができ、家中がきれいになり、汚れたぞうきんを見ることもない、すてきな方法ではありませんか！

さて、この「Tシャツぞうきん」で必ず毎日することがあります。それは玄関のたたきを拭くこと。娘の友だちが遊びにきたり、お客さんがやってきたり、宅配便のお兄さんが配達にきたりと、なにかと出入りの多い我が家の玄関。家の中がちょっと散らかっていても、玄関が美しいと家全体の印象がとてもいいのです。「ええっ！　毎日？」と、驚かれますが、毎日するからこそ楽ちん。汚れがたまる前に汚れを拭く。この作業、習慣になるとまったく億劫にならなくなります。なにより気持ちがすっきりこざっぱり。きれいな玄関を見て毎度思います。「Tシャツぞうきん、ありがとう」ってね。

かごの手前に入っているのは、Tシャツではなくてリネンの元エプロン。穴が開いてしまったのを機に、ぞうきんにしました。使い込まれた布ものなら、わりとなんでもぞうきんになります。

ふと気づくとうっすら汚れがついている収納の引き戸の手が当たる部分。水拭きだけで落ちない場合は、薄めた中性洗剤を含ませたスポンジでさっと撫で、「Tシャツぞうきん」でごしごしこすります。

電気のスウィッチや、冷蔵庫の扉、食器棚の扉部分、各部屋のドアまわり、窓ガラスなどの手が触れる場所も気がつかないうちに汚れているもの。汚れを発見するたびに「手って意外に脂っぽくて、汚いんだな」と思います。

長押《なげし》や幅木《はばき》は、小さめのぞうきんと人差し指を使ってすみずみまできれいに。こういう地味な作業の時は、ピンクとか赤とか、かわいめの色のTシャツぞうきんを使って気分を盛り上げます。「ウォー！ こんなに汚れが取れたー」と確認&満足したい時は、まっ白ぞうきんを。掃除をしてもだれも気づいてくれないので、こんな風に、自分の中でいろいろな工夫が必要。

意外に埃がたまるのが、椅子の足の裏。毎日、私の体を支えてくれているんだもの、きれいにしてあげたいものです。掃除機をかけたあと、椅子を傾けて、固くしぼったぞうきんで包み込み、キュッキュと回転させながら拭いていきます。全部拭き終わったあと、ぞうきんの汚れ具合をチェック。「こんなに汚れてたんだ!」とびっくりすることもしばしば。週に一度くらいのペースで。

汚れの目立たない、まだら模様のゴミ箱をよく見かけますが、私はそれには反対。汚れやすいゴミ箱こそ、まっ白なものの方がよいと思うのです! ほぼ日課になっているゴミ箱拭きは、中はもちろん、外側、蓋など細かい所まで念入りにフキフキ。拭き終わったあとは、しばらくゴミを入れずに蓋を開けっ放しにして、深呼吸させてあげます。

「いっそのこと、左手がぞうきんだったらいいのに!」という掃除魔の友人の家に、ふいに立ち寄った時に遭遇したのがこの光景。どうやらお客さんが帰ったあとだったらしく、バブーシュをせっせと水拭きしている最中でした。それ以来、私もときどき拭くことに。全部拭き終わったら壁に立てかけて乾燥させてからしまいます。

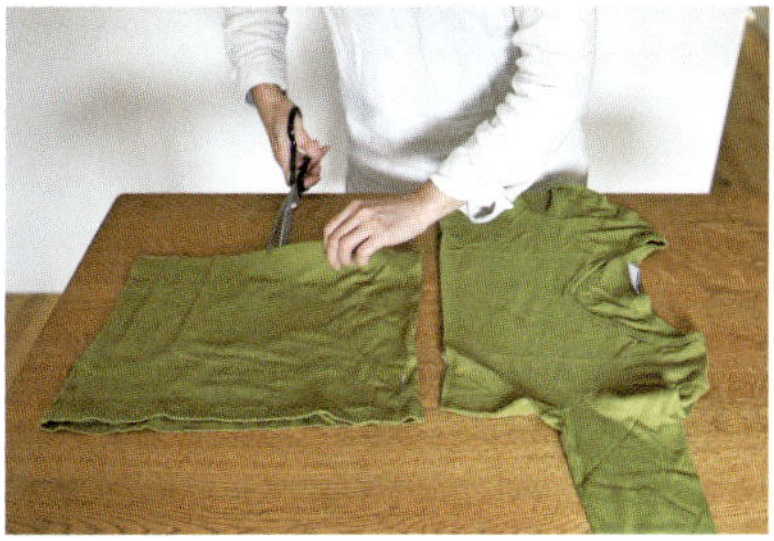

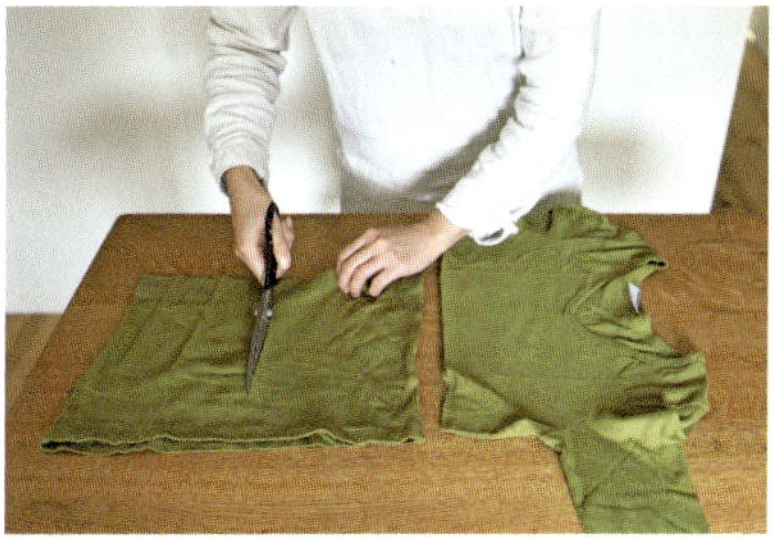

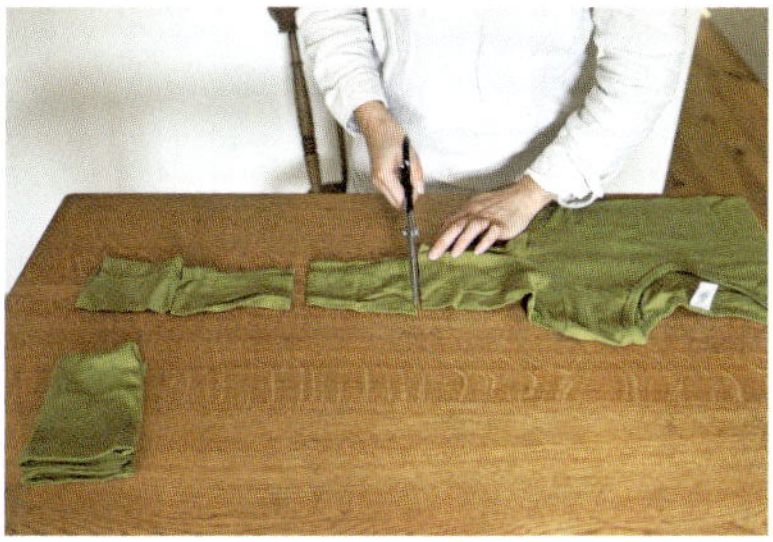

身頃は大きめに切って、床などの広い面を拭く用にすることも。袖の部分は細かい所専用。大きさを変えられるのもTシャツぞうきんのいいところ。じょきじょき切ったら、切った部分を内側に折り込むようにしてたたんでいきます。キッチンのシンク下や、洗面所の棚など、水回りに置いておくと便利。置く場所と気分によって、瓶に入れたりかごに入れたり。「今日はブルー系で」とか「ストライプを混ぜてみては？」など、ぞうきんの色合いや、柄合わせがいいかんじにキマルと、ひとり心の中で「やった！」なんて思います。

もやり退治

「Tシャツで作ったぞうきんを使って毎日あちこち拭きまわっている」、と友人に話すと、「本当にきれい好きなんだねぇ。えらいねぇ」と感心されるのですが、じつは私、きれい好きというよりは「家の中が滞った空気になるのがいやだからマメに掃除をしているだけ」なんです。しなくてもきれいに暮らせるなら、掃除なんてしない方が楽ちんですものね。

さて、私が嫌いな「滞った空気」。それを、私とそのまわりの友人知人の間では「もやり」と呼んでいます。もやり？ 何それ？ という人のために少しだけ説明を……。冷蔵庫の野菜室の奥の方、歯ブラシを入れてるコップの底、机の引き出しのすみっこ、レシートでいっぱいになったお財布の中、流しの洗いかごの裏側……つまり、ふだん目が行き届かなかったり、じつは分かっているんだけど見て見ぬふりして、やりすごしている場所、そこに澱《よど》んだ空気が「もやり」です。もやりは、うっかりすると、じわりじわりと私たちの生活ににじりよってくる恐るべき存在。Tシャツぞうきんでマメに拭いたり、毎日掃除機をかけて、すっきり、こざっぱり暮らしているつもりでも、もやりは、やっぱりやってくるもの。だから私は月に一、二度、天気のよい日に、家中の窓を開けて風を通し、ふだんなかなかできない「もやりスペース」を掃除することにしています。ソファを移動させて、掃除機で埃をガーッと吸ったり、クローゼットの中の服や、帽子や着物をすべて出して、干したり、たたみなおしたり。はっと気がつくと夕方になっていることもしばしばの一日仕事ですが、これがなかなかいい気分転換。家も心も滞りなし！ 清々しさいっぱいになる「もやり退治」。せめて梅雨の時期と年末ぐらいに、一度しておくことをおススメします。

高いところのものを取ろうとして、椅子に登った瞬間、目についた電灯のシェードの汚れ。ふだんから拭く習慣をつければいいのだけど……と、毎度反省するのに、なかなかできない。夏には小さな虫がくっついていたりして、ギャーッ！　となります。そういえば、娘がハイハイをしていた頃、私も一緒になって床に這いつくばっていた時期がありました。あの頃は、テーブルの裏側の埃とか、床の汚れなんかが気になって……ふだんと違う目線になると、「もやり」の発見もはやいのかもしれませんね。

玄関にものがたくさんあると、なんとなくもやった印象になりがち。私は靴も傘も、使ったら、お手入れしてすぐにクローゼットの中にしまってしまいます。靴箱は分かりやすいように、側面にブランド名や色や形を書いて。傘は日傘が中心。「どうして？」と不思議に思うかもしれないけれど理由は簡単。傘をさすのがきらいだから！　日傘はいいの。優雅だから。それを人に言うと「変なの」と言われます。

リビングの本棚の下には、テレビや電話、カメラなど電気関係をまとめて置いています。ふだん扉をしめているので、気分はすっきりなのですが、たまに覗くとコードのグチャグチャしているところに埃がいっぱいたまっています。掃除機は見えないところほどマメにかけないと……。

三畳ほどの納戸には季節外れの服や布団、ふだんあまり出番のない着物やスーツケースなどを。窓もなく、風を通すこともできないここはもやった空気が漂いがち。時々、棚に置いているものをずらしながら、拭き掃除してはいるのですけど。

友人いわく「かごは、もやりアイテム」なのだとか。たしかに使わないでいると、なんとなく埃っぽくなりますね。「よく使うこと」が一番ですが、使い勝手のよいものとそうではないものがあって、順繰りに使うって、なかなか難しい。だからときどき、固くしぼったぞうきんで拭いて、風通しのよいところに置いて乾燥させています。

からりと晴れた休日、何も予定がない時は、棚からかごを取り出してきて、せっせと拭きます。一見きれいに見えるかごですが、拭くとぞうきんがまっ黒なんてこともしばしば。ほんと、もやりって気が抜けない。

天気のよい日にクローゼットの中のものをすべて出し、かごと同様、服も風に当てて。ハンガーはイケアで八つ一〇五〇円で買ったもの。やすーい。不揃いだったハンガーはすべて「えいやっ」と処分し、今はこの木製ハンガーのみ。ずらり揃うと、とっても気持ちがいい！　服は素材ごと色ごとに分けて、見やすいように収納。

帽子は木の箱に。本当はひとつずつ箱に入れるのが理想ですが、なかなかそうもいかず。型が崩れないように、内側には薄紙を丸めたものを入れて大事に保存。ストローや、ラフィアなどの夏向きの素材が多いので、出し入れするのはもっぱら夏なのですが、時々、全部取り出し、箱の中を拭いたりしています。

大きな家具を持つと、部屋や自分の生活がそれに左右されるような気がします。本当は着物専用のたんすが欲しいところですが、そんな理由から買いあぐねていました。ところが数年前のある日、「通販生活」をめくっていたらこの桐の箱を発見。はじめひとつ買い、やっぱり足りなくてもうひとつ。最近、「もうひとつ必要かも……」と思っているところ。だったら、たんす買えばいいのに。「重要文化財も入れて保存している」という謳い文句だっただけに通気性は抜群。もやる心配もなさそうですが、時々こうして中をチェック。

桐の箱の中の「もやりチェック」の時に、着物や、着物まわりの小物も整理整頓することにしています。ぐちゃぐちゃになりがちな帯締めは、暖色系と寒色系に分け、上田紬のはぎれを継ぎ合わせて作った布にくるんでしまうことに。これがなかなかいいかんじで、それ以来「あの帯締めどこいった?」なんて着る時に慌てずにすむようになりました。

見えないもやり

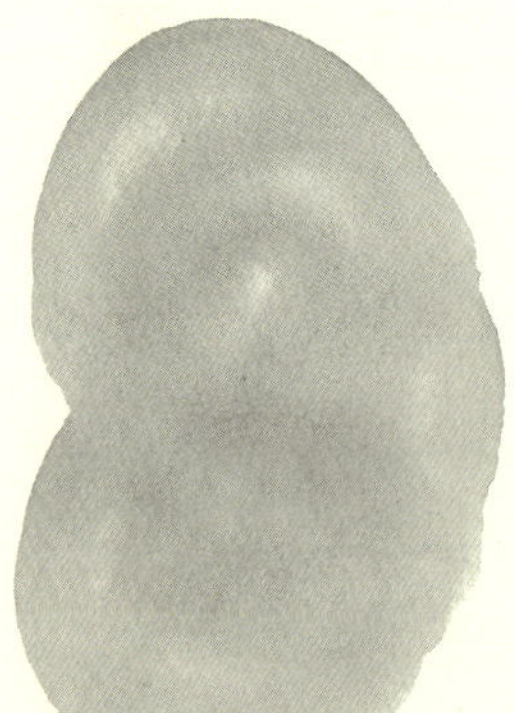

においを。それは目に見えない「もやり」です。

目に見えないからこそ、やっかいなのです。特にじめじめした梅雨どきなど、においがちになる家の中。その中でも一番気になるのが台所のにおいです。へらや鍋、シンク、タワシ、スポンジ……とにかくなんでもかんでも使ったらゴシゴシ洗い、さっぱりと乾かす。乾いたら……クンクンとにおいをかぐ。そして最後は台所全体をクンクン（人にはあまり見せたくない光景です）。料理している時には気にならないのですが、食べ終えて片付けが終わってもまだ煮物や魚を焼いたにおいが残っているのがなんだか許せない。次に台所に立つ時、料理する気も半減してしまいます。使うたびにまっさらできれいな台所に立ちたい、そんな風に思うのです。

台所でもっとも気をつけたいのが、フキンやキッチンクロスのにおい。毎日ガンガン洗濯し、ぱりっと乾いた清潔なフキンをおしげもなく使うことにしています。それから、うっかり忘れると一日で大変なことになるのが、シンクのゴミ受け。私はお茶っ葉や料理中に出た野菜くずはゴミ受けに流さず、新聞紙にくるんでゴミ箱へポイ。この新聞紙、一枚を四つにたたんでシンク下に置いておくととても重宝します。最初はちょっと面倒に感じるかもしれませんが、慣れてしまえばこっちのものです。

要するに、こまめに手を動かし頭を働かせないと、気持ちのいい（そしてにおわない）台所は維持できないという訳ですね。一日三回、食事のたびにきれいにし……私は一体生涯にどれくらいの時間を台所掃除に費やすんだろう？　と考えたら、ちょっと気が遠くなりました。

鍋にフキンを入れてグツグツ煮ます。全体にお湯が回るように、菜箸でならして十五分ほどしたら火を止め、冷めたら洗濯機へ。毎日やれば、漂白剤を使わずとも、まっ白フキンが維持できます。夜、台所に立ちながら、この煮沸消毒のグツグツ音を聞くのが好きです。私にとっては一日の家事の締めという気分になるからなのかも。

使い終わったへらやおたまは、ゴシゴシ洗ってきちんと乾かすこと。特に気になるのが、においの残りやすい木べら。私は、和食用とバター用、オリーブオイル用、それからお菓子用……と、それぞれ用途に合わせて七本の木べらを使い分けています。だって、にんにくを炒めた木べらで、さつまいものペーストとか作りたくないから。

琺瑯や鋳物、アルミやステンレス……どんな鍋でも使い終わったらとにかく、ゴシゴシ洗うこと。ちょっと洗い過ぎ？　と思うくらいがちょうどいい。洗ったら火にかけて、乾かしてから棚へ……。棚にしまう前のにおいチェックも、欠かさずに。もしにおいが残っていたら一晩水につけて翌朝もう一度洗います。

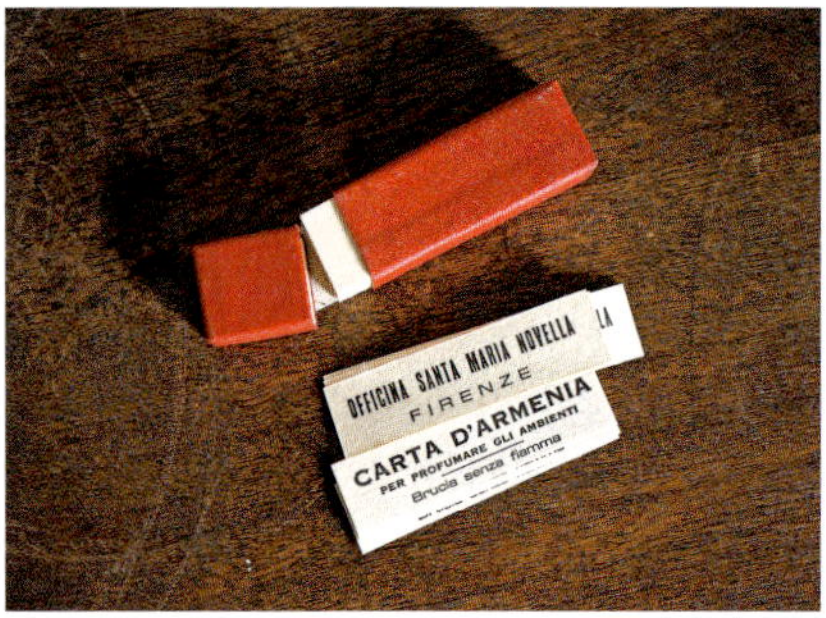

「サンタ・マリア・ノヴェッラ」で手に入れた「アルメニア・ペーパー」。料理後にこの紙に火をつけ、ふっと消して少しずつ立ち上る煙で肉などのにおいを消すのだとか。イタリア人も、台所の残り香を気にするんだなーと意外に思った一品。赤い容れ物と文字のデザインが好き。

母に倣って始めた新聞紙活用法。母は「折山が揃うと平らにならないから」と、折山を互い違いにし、それは美しく折り重ねていました！　そこまでできない私は簡単に四つ折りにしてまとめておくだけ。ゴミ受けに一番たまりやすいお茶っ葉は急須から直接、新聞紙へ。しめった茶葉の水気を新聞紙がいいかんじに吸収してくれます。

洗濯物バンバン

夏は、太陽の光とともに自然と目が覚めます。少しだらだらしてベッドから出るのがだいたい五時すぎ。朝一番の家事は洗濯です。洗濯機の水がジャージャー言いながら、がらがらと回る音はなんとも清々しくて、いいかんじ。この季節で一番好きな家事です。朝ごはんを食べ終える六時半頃には二回目の洗濯物を干し終え、暑くなる前に掃除機をかけたら午前中の家事は終了。買いものと晩ごはんの支度は夕方涼しくなってから……こんな風に夏の間だけ家事のタイムスケジュールが少し変わります。

さてその「洗濯」ですが、洗濯機にお任せするとはいうものの、色柄もの、白いもの、キッチンクロスなど洗う物を仕分けする↓洗濯機を回す↓終わったら一度たたんでバンバン叩きシワを伸ばす↓干す↓乾かす↓手アイロンでシワを伸ばす↓シャツなどはアイロン↓しまう……と、洗濯かごにポイしてから定位置に戻るまで幾通りもの工程があるんですね。その工程のどれかひとつでも怠るとなんとなくよれっと頼りない仕上がりになってしまいます。なかでも「これは絶対にはずせない」と思っているのが「洗いあがった洗濯物を一度たたんでバンバン叩く」です。これは母がそうしているのを見て育ったので、当然みんなもしているのかと思いきや、そうではないらしい。「そんな面倒な！」「洗濯ごとに毎回？」……みんなにびっくりされたことにびっくりした私です。伊藤家では「猫マンマ」のことを「わんちゃんごはん」と呼ぶのですが、それが変だということを知ったのも大人になってから。育つ過程で知らず知らずに刷り込まれるその家の常識は一般的な常識からはずれることもあるけれど、洗濯物バンバンは刷り込まれてよかったなあ……そんな風に思っています。

洗濯洗剤はベルギーの「エコベール」を愛用。蛍光増白剤、着色料などは無配合、環境にとても配慮された洗剤です。青いキャップはふだんの洗濯用、紫はデリケートな衣類、赤は食べこぼしなどの部分洗い用に。肌の調子が悪かった時、「洗剤を変えてみようか」と思って使い始めたのがきっかけ。やさしいラベンダーやレモンの香りも心地よく、洗濯のたびに癒されています。

タオルやシーツ、パジャマなどはいつも清潔に！　……というわけで、洗濯の回数も多い。かさばるものばかりなので、大きなかごを洗濯かごにしています。下着やセーターなど手洗いするものは、リネンのバッグへ。ゴミ箱もそうですが、汚れたものを入れるものほど清潔感があって気に入りのものにしたい。そう思います。

脱水し終わった洗濯物を一度きれいにたたみます。この時、衿や袖口のカフスなどもぴんと伸ばして。それからバンバンバン……と十回くらい叩きます。すると、きれいにシワが取れるのです！　よくハンガーに吊るした後パンパン叩く、という人がいますが、それよりもこちらの方が断然きれいに。たしかに面倒なのですが、Tシャツなどの衿元がよれっとしているのがどうにも苦手で……。キャミソールや、キッチンクロス、シーツにシャツなど、洗いあがったらとにかくバンバン叩いてます。

紫外線の量が多く乾燥している夏の松本は外に干すと、あっという間にからっからに乾きます。梅雨の時期を考えるとウソのよう。晴れた日は、ベッドリネンを片っ端からお洗濯。太陽の下で、ごわごわ、ぱりっと乾いたリネンに包まれながら眠るのが、なによりの幸せ。

乾いたら、きちんとたたんで手で伸ばします。この「手アイロン」、かなりいいかんじにシワが伸びるんです。洗濯後にバンバン叩いて、この手アイロンをすれば、ほぼアイロンいらず。暑い夏など、とても助かっています。たたんだら、色や素材、形ごとに分けてクローゼットやたんすへ……これで一連の作業が終了！

コードレスや、デザインに惹かれて買った外国製のものなど、数々渡り歩いてたどり着いたアイロンが、このティファールの「プロミニッツ」。ものすごい大きなスチーム音に最初はびっくりしますが、これさえあれば伸びないシワはないんじゃ……というくらいのパワー。惚れ惚れします。苦手（というより面倒）だったアイロンがけも好きな作業にかわりました。それから場所を取るからいや、という人が多いアイロン台。でも、あるとないでは作業の効率と仕上がりが大違いなんです。こうして考えてみると、つくづく道具って大事だなあ……なんて思います。

アイロンがけする時にシュッとひとふきすると、香りが移るだけでなく、シワを予防したり、汚れを落としやすくする効果のあるリネンウォーター。十年ほど前は、日本ではほとんど手に入らなかったのですが、ここ数年で認知度がアップしたせいか、おしゃれな雑貨屋さんなどで扱うようになってきました。右は日本製、左はオーストラリア製。どちらも植物性の原料を使っていて、肌にやさしくふんわりとやわらか、いい香り。

コラム

苦手な家事はプロにお任せ

だれにでも、好きな家事と苦手な家事があると思います。私の苦手な家事……それはお風呂掃除です。「いつ、どんなタイミングでしたらよいのか分からない」というのが理由です。

お風呂をわかす前？　出た後？　服を着たままだと濡れてしまうし、裸だと寒い……ですよね？　一体、いつすればいいんだろう？　みんなどうしているんだろう？　と常々、不思議に思って、ことあるごとに人のお風呂掃除の仕方を尋ねています。

「お風呂から上がったら、すべての水気をフキンで拭き取る」という友人がいてびっくりしたものですが、「お風呂のカビ取り用洗剤を風呂場にずっと置いていたら、その洗剤の容器にカビが生えた」という友人もいて、これまたびっくりしたものです（このふたり、仲がとてもよいというところもまた興味深いものです）。

私はお風呂をわかす前に、なんとなーくお湯で全体を流し、最後上がる時に、これまたなんとなーく全体をお湯で流して換気扇を回す……という方法でやりすごしています。台所の換気扇の掃除も「どうすればいいの？」と途方にくれる家事のひとつです。「シンクを洗うのと一緒で、換気扇も毎日、洗う」という友人がいて（お風呂の水気をすべて拭き取るのとは違う人です）本当にびっくりというか尊敬というか……でもそんなこと、絶対に自分にできるわけがありません。

そこで考えたのが「苦手な家事は人にやってもらう」ということ。きっかけはポストに入っていたチラシでした。

「台所やお風呂場、トイレなど水回りのお掃除します。ふだん目の届かない場所でも汚れは溜まっているもの。プロの手で年末までに家の汚れをとって、すっきりさっぱりした新年を迎えませんか？」とかなんとか。「プロの手」という言葉と「すっきりさっぱり」という言葉にグッときてチラシの番号に電話をしてみたのでした。

これがもうね、素晴らしかったんです。

ブラシを何種類も使ってゴシゴシ、シュコシュコ、シュッシュッ……三人がかりで、少しずつ丁寧に掃除は進み、半日後……「え〜?!」っと驚くほどきれいな我が家に変身。さすがプロのお仕事。その完璧な仕上がりにすっかり満足して以来、年に二、三回水回りを中心にお掃除をお願いすることにしました。

お風呂掃除も換気扇の掃除も、マメにすれば汚れはたまらないのでしょうが、苦手なものは苦手……と認めて、人にお任せする時がたまにはあってもいいのでは？　なんて思っています。

ホウキとブラシ

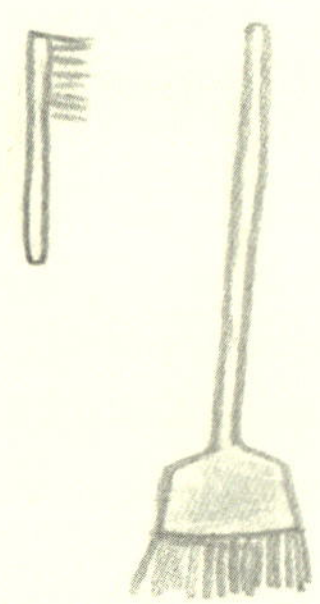

玄関にひとつ。リビングにもキッチンにも。森に住む知人宅を訪ねた時、家のいたるところにホウキがかけられているのが目につきました。「お掃除が好きなのですね」と聞くと「いやー、それはただの飾り。ふだんの掃除は掃除機を使っているんですよ」、そんな答えが返ってきました。シェーカーのものや民芸風のもの、または作家が作ったもの……と、その家の「オブジェ」のホウキは、どれもとても美しい形をしていて、なるほど、これなら飾りたくなる気持ちもわかるよなぁ……と家の中に溶け込むように佇むホウキたちを見ながら、そんなことを思ったのでした。

「男のホウキ好きは、女のかご好きと通じるものがある」と、何かで読んだ記憶があります。たしかに、ホウキ好きな男性は私のまわりに何人もいて、その熱愛ぶりに驚かされたり呆れたり（?）することもしばしばです。私はかごが好きで好きでたまらなく、家のいたるところに、ゴロゴロゴロゴロころがっていますが、じつはホウキやブラシの類いも好き。男の人のそれとは違って、私はもっぱら実用専門なのですが、毎日使うものなので、愛らしく美しいものを……と、それなりにこだわって選んでいます。

爪を洗う時にはこれ、玄関掃除にはこれ。鍋の焦げ付きには、やっぱり亀の子タワシでしょう。小さなものから大きなものまで形はいろいろ。兼用のものはあまりなく、どれもが「これにはこれでないと!」というものばかり。……というわけで、知らず知らずの間に、けっこうな数のホウキとブラシが我が家に集まっていました。

「そんなに道具ばっかり買って、かえって家の中がごっちゃりするんじゃ……」などという友人たちの意地悪な声もちらほら聞こえてはくるけれど、一向に気にすることなくどんどん増殖中。男の人のホウキ好きに呆れている場合じゃないですね。

意外に気がつかないのが本の埃。こんな本用のブラシもあるんですよ。毎日、少しずつでもいいので、本の埃を払って美しい本棚を維持したいものです。ドイツのレデッカー社製。

パソコン用のブラシもレデッカー社のもの。豚毛とヤギ毛のコンビです。モニターやキーボード、キーとキーの間のすき間までささっと埃取りができます。

持った時の木の質感と、爪を洗った時のやさしい感触が病みつきになる爪ブラシ。数年使っているにもかかわらず、きれいなままなのは、使ったあとの乾燥が決め手かも？

鍋にぬるま湯と洗剤を入れてエニシダのブラシでゴシゴシ。がんこな汚れもこれならすっきり落とすことができます。

持ち手つきのスタンダードなデザインのブラシはやわらかい馬毛。タッチはやさしく、それでいてきちんと汚れを落としてくれます。どちらも、スウェーデンのイリスハントバーク社製。視覚障害者の職人たちによって作られるイリスのブラシ類は使い勝手のよさはもちろん、デザインも美しいものばかり。

家の中で使っているのは松本の伝統工芸のひとつ「松本箒」。ホウキ職人さんがホウキモロコシの草を育て、ひとつひとつ手をかけて束ねていきます。大切に使えば十年はもつのだとか！　外用ホウキは市場で見つけたホウキ草を麻ひもで束ねた手製のもの。簡単な作りだけれど、これがなかなかの使い心地です。

デッキブラシは、町の荒物屋で。はじめはお風呂掃除用にしていましたが、ちょっとくたびれてきたので外用に。固いブラシでゴシゴシこすると、たちどころにきれいになっていきます。「掃除」というより「気分転換」に近いかんじかも。

こちら、松本箒の小さい版。木の柄がしっくり手に馴染みいいかんじ。棚と棚のすき間を掃いたり、(掃除機を出すまでもない)ちょっとなにかをこぼした時などにとっても重宝しています。

パリの合羽橋のような場所で見つけたのは、なんとマッシュルームブラシ！　おもちゃみたいな姿が好き。

京都のホウキ専門店で見つけた、二十センチほどのミニミニホウキ。小さいながらも、きちんとした作りに魅せられて、用途を考えずに購入。現在、コーヒーミルのお掃除専門ホウキとして活躍中です。この店、よく外国からの旅行者がタワシなどを買う姿が見られます。美しく、使いやすいものに国境はない？

使い終わったブラシは中の中まできれいに洗い、水気をよく切ってかごに入れてベランダへ。ブラシの中はもやりがちになるので、マメにチェックして。からりと乾いたら定位置に戻します。

布のある生活

元来の布好きなので、国内外を問わず布がある場所――例えば、蚤の市とか問屋街とか町の布屋とか雑貨屋とか――を覗いては、目を光らせ鼻を利かせ「これぞ」という一枚を探します。はかなげだったり希少なものよりも、どちらかというと質実剛健、それに加えてちょっとお茶目なものが好み。買った布は家に帰ってすぐにじゃぶじゃぶ洗います。新品の布は糊を取りやわらかに、アンティークの布は汚れを落としてこざっぱりとさせるのです。その後、端の始末がされていないものはアイロンで整えてからほつれないよう、三つ折りにしてまつり縫い。すぐに何か作る予定のない布はこんな風にしてテーブルクロスの代わりにしたり、ベッドやソファにさらりとかけてしばらく楽しむことにしています。……と今でこそこんな余裕の発言をしている私ですが、娘がまだヒヨヒヨの赤ちゃんだった頃は、ランチョンマットやナプキンでテーブルを整えてもすぐにぐちゃぐちゃ、こぼすし散らかすしで、汚れた布の山を見つめてはため息の連続。このままではいけないとある日思い立ち、ミニタオルのおしぼりと紙ナプキンを使う生活に切り替えました。スタイリングの仕事で布を使ったコーディネートをしても家ではできず……。「ああ。いったいいつになったらテーブルの上に布が敷かれる日がくるのやら」と遠い目をしていたのでした。ところが、娘が十歳になる頃からなんとなくテーブルに布をかける日が増えてきました。気づかないうちに、大人と同じように食事の時間をすごせるようになっていたのですね。いつものテーブルもいつものごはんも布が一枚加わるだけで、雰囲気が変わって見えてなんだか新鮮。うれしいなぁ。

子育ての大波を乗り越え、私の心にも余裕ができたところで、宣言します。「布のある生活、復活！」ってね。

ロンドンの服飾学校「カレッジ・オブ・ファッション」近くの布の問屋街で手に入れたレースの布。あまりにかわいかったので日傘にしようと思い、傘屋さんに持って行ったところ「穴が大き過ぎて無理」と断られた代物です。結局、布のまま保存中。同じ色合いの耐熱の器ににんじんのサラダを入れるとなんだか休日っぽいテーブルに。これにバゲットと白ワインがあれば幸せ。

十五年くらい前にベトナムで見つけた、はしごレースのリネンのランチョンマットとナプキン。ふだんはレースのものをテーブル用に買うことはないのだけれど、はしごレースだけは別。品がよく、少女趣味に走りすぎないところが好きです。よく使っているので、ところどころに赤ワインのシミがうっすら残っていますが、それもご愛嬌。

私にしてはめずらしい、派手めな色のナプキン。ちょっと強いかな？　と思ったけれど一緒にいた友だちに「たまにはいいかもよ」と背中を押されて購入を決意。使ってみると意外にしっくり、手持ちの器との相性もなかなかでした。曇った日や、元気のない日には、こんな色のナプキンを使って気持ちを上げます。

ベルギーのリベコ・ラガエ社のリネンのナプキンはしなやか、そしてやわらか。濃いブルー、薄めのブルー、水色……見るたびに、「ああ、きれいだな」と、しみじみ感じさせてくれる布なのです。いつか全色揃えたいという野望はあるものの、お財布と相談しながら少しずつ、と自分に言い聞かせています。

ひとりのお昼によく食べるのり弁。のりの黒に合わせて黒のリネンにしてみました。組み合わせが難しいと思われがちな黒ですが、案外何にでも合わせやすいので、白と生成りを揃えたら次は思い切って黒のテーブルクロスを揃えてみては。雰囲気ががらりと変わっておもしろいですよ。

りんごの木が並ぶ布は、京都の「ミナペルホネン」で。素材はリネンです。バッグやランチョンマットなどを作って最後に余ったのが幅六十センチくらいのこのサイズ。例によって端を縫い、かごの目隠しなどに使っていますが、時おりこんな風にテーブルにあがることもあり。

「いつかなにかを作ろう」と思いながら十年くらい一枚の布としてそのまま使っている赤い耳が利いたリネンの布。洗いざらしのシワがなんともいいかんじ。少し厚手なのでピクニックや外での食事の時に敷物にしたり、使い終わった食器を包んだりと、とにかく働き者。今日はクスクスのサラダの下に敷いてみました。野菜のオーブン焼きとか肉の煮込みなんかのちょっと素朴な料理に合うようです。

フランスの田舎町のアンティーク屋で見つけた小さなナプキン。シンプルで品の良いリネン類が充実しており、しかもパリよりお値段ぐぐっと控えめ。時を忘れて布に没頭。旅の同行者はあきれ顔でした。「お茶の時に使うのかな?」と勝手に想像し、毎日のおやつやほっと一息のお茶の時間に登場。

冬の空のような、なんとも微妙な色合いの水色が魅力的なランチョンマットは北欧のもの。洋食器はもちろん、和の器との相性もよいので重宝しています。今日はわさび漬けと日本酒を合わせて。色違いでグレーも持っていますが、こちらもまた形容しがたい素晴らしい色合いなんですよ。

ピクニックへ

「ピクニック」という言葉を聞いて、わくわくするのは私だけでしょうか？　「バスケットに葡萄酒と、かたいパンを詰めて」とか、「森のなかで木いちごを摘む」、「野の花で首飾り作り」……とか。子どもの頃、夢中になったのは、そんな森のなかのピクニックシーンがたくさん出てくるおはなし。かたいパンってなんだろう？　どんなお花で首飾りを作るのかな？　なんて、乙女心を掻き立てるものが「ピクニック」という響きにぎゅっと詰まっていたのです。それはもしかしたら、男の子が冒険や秘密基地といった言葉にわくわくするのと同じなのかもしれませんね。

松本に住むようになって、憧れのピクニックはとても身近なものになりました。なんといっても木いちごのなる森や、せせらぐ小川、座り心地のよさそうな木の切り株、ごちそうを広げるのにぴったりな大きな木の下……なんて、探せば探すほど、すてきな場所がたくさん見つかるのですから！

そんな場所が増えるのと比例するかのように、ピクニックバスケットもひとつふたつと増えてきました。こっくりとした飴色の籐や柳で編まれたバスケットは、ピクニック気分をおおいに盛り上げてくれるのです。かごの中には、お気に入りの食器やピクニックシート代わりのテーブルクロスを。なるべく軽く、コンパクトに荷物をまとめなければいけないキャンプや山登りと違い、私のピクニックは「楽しく、かわいく」が基本。少々重くても、そんなことはかまやしません。子どもの頃からの憧れですもの、大切なのは、いかに心地よくその場所と、そこで過ごす時間を楽しむか、ということなのです。

大きなバスケットには食器を。小さな方にはチーズや水、昨日仕込んでおいたラタトゥーユを入れてさあ出発。パンと葡萄酒も忘れずに。

今、一番のお気に入りのバスケットはこのふたつ。イギリスのアンティークです。これ以外に蓋のないバスケット大・小、ブランケットが四枚くらい入りそうな大きなもの、高校生の時におこづかいをはたいて買った柳のバスケットなどいろいろあり、気分によって使い分けています。

食器は割れないよう、キッチンクロスできっちり包んで。

Perrier
Isigny Ste Mère
CAMEMBERT DE NORMANDIE
Au Lait Cru
CAMEMBERT

チーズとラタトゥーユ、ドライフルーツは家から用意。パンは行きがけに焼きたてを、くだものは途中の市場で調達。プラスティックの容器は味気ないので、食器はふだん家で使っているのと同じもの。グラスは安定感のあるボデガを。木のトレーは、チーズやパンを切ったり、お皿の代わりにしたりとても重宝するので必ずひとつ持って行くようにしています。忘れがちなのがワインオープナー。せっかくワインを持って行ったのに、飲めなくて残念！　なんてことのないよう、出かける前に要確認です。

蓋つきの鍋はビニール袋に入れてから布で包み、バスケットの中へ。鍋からめいめいが好きなだけ取り分けます。ピクニックでは一人一皿が基本。ラタトゥーユをきれいにパンでぬぐった後、チーズやくだものを食べます。

スパークリングワインやペリエなど冷たくしたい飲みものは、着いたらすぐに小川で冷やします。瓶が流されないよう石で囲いを作るのは、子どもたちの仕事。

食後はポットに用意してきたコーヒーを飲んで一息。火がなくても十分おいしくて楽しい。

食べものや飲みものばかりに気をとられがちなピクニックの荷物作りですが、帽子と虫除け、長靴も必ず用意。私は春から初秋にかけては、これらを車の中に入れておき、いついかなる時でも森に入れるよう準備をしています。

人数が多い時は、みんなに協力してもらってある程度の片付けをしておくとあとが楽です。ペーパーでお皿の汚れを拭き取ったら、天然の洗剤「松の力」をシュッと一吹き。さらにペーパーで拭き取り完了。家に帰ったら水で洗い流すだけという手軽さです。楽しんで帰ってきたのに、洗いものがいっぱいだとちょっといやになりますからね。

ざっくり収納のすすめ

「断捨離」という言葉を初めて聞いたとき、インドかどこかのお坊さんの名前かと思いました（実際は身の回りの不要なものを整理して、暮らしを見直すことだそうです）。

女性誌では、ほぼ毎月「片付け」とか「収納」をテーマにした特集が組まれているけれど、それを見るたび「この通りにできるんだったら、最初から散らからないってば！」、開いたページに向ってそう叫んでいました。きちんと整理整頓され、掃除の行き届いた美しい部屋がいいに決まっているけれど、なかなかそうはいかないのが人間ってものです。仕事の資料とか、いただいた名刺とか、ただちに提出しなくちゃいけない請求書とか、学校のお知らせとか、そういった身の回りのこまごましたもの。忙しいとそういうものが、棚やテーブルの上などに、どんどんどんどんたまっていきます。急な来客の時は、大きなかごにがさごそとそれらを入れていき、収納部屋に押し込む。なんとなく部屋は片付いたような気になるけれど、そのかごが二個、三個……と増えていくともうお手上げ状態。一年分の領収証がぐちゃぐちゃに入った大きなかごごと税理士さんに渡した時、少しの沈黙の後に、「とりあえずは、月ごとにまとめたらどうでしょう？　なんでもいいんです。大きめの封筒とか、ビニール袋とか、そういうものに入れて置けばいいんですよ」。そうアドバイスされました。そうか。それならできそう。

そうして始まったのが「ざっくり収納」です。かごにとりあえずなんでもかんでも入れる、というのではなく、種類ごとに入れる場所を決めて、散らかる前に定位置にしまう。たとえその中がごっちゃりしようとも、同じ仲間同士のごっちゃりなので、探し出すのも簡単。時間と心に余裕のある時に、その中を整理すればさらにすっきり、というわけです。ね、これならあなたにもできそうでしょう？

梱包業者から買い入れた紙製の靴箱。靴を整理したあとあまった箱は、こんな風にリボンや毛糸、麻ひも入れになりました。箱の蓋にはそれぞれ、「ラフィア」「麻ひも」「リボン」などと書き、重ねて収納しても中に何が入っているか一目瞭然。毎日使うわけでもなく、暮らしに必要不可欠なわけでもないけれど、こういうこまごましたものが好き。つい買ってしまうので、ひも、リボン関係の箱は三つまでとし、そこからはみ出しそうになったら、箱の中を見直すことにしています。

長い間、どうしたものかと困っていた裁縫道具の収納。ある日、ぶらりと立ち寄った古道具屋で、この小引き出しを見つけた時は「これだっ!」と心の中で叫んでいました。家に帰って固くしぼったぞうきんでゴシゴシ拭いて埃をとり、こざっぱりしたところに、糸やピンクッションを入れていくと……たちどころに美しく収納されていったのでした。じつは、今まで小引き出しって何に使うんだろう? と不思議に思っていたのですが、こういうことだったのですね。

食器棚の隣りの扉つきの棚。上はリネン類、下は食品を。ごちゃごちゃとまとまらなかった食品類は、引き出しのように見たてた竹の行李に分類。中は多少ごちゃごちゃしていても横から見える景色はかごのおかげですっきり、というわけです。

粉類、袋やラップ、ペーパー類、麺などの乾物、カセットコンロ……行李の中はこんな風。時々、点検して小まめに使うようにしたり、買い足したり。これ以上、容量が増えないように気をつけています。

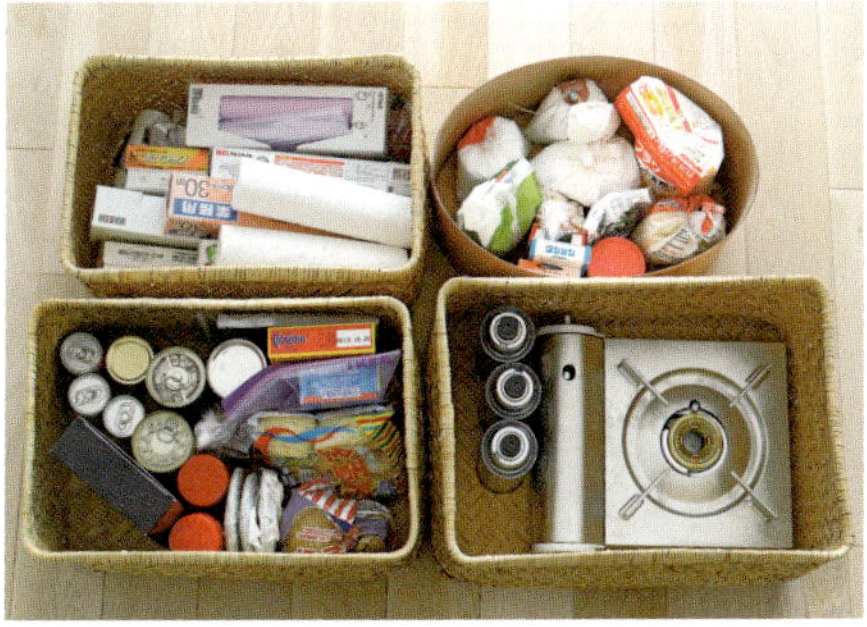

下は小銭やお月謝用の新しいお札、外国の紙幣や硬貨などを入れている小引き出し。我が家の銀行は、こぢんまりとかわいらしいのです。小銭は種類ごとに瓶に分けておくと便利。宅配便のお兄さんも「おつりが無いと助かります〜」と喜んでくれます。失くしがちな図書カードや商品券などは浅めの小引き出し［左］に入れて。こうして考えてみると、こまごま収納には、小引き出しがなくてはならないもののようです。

「同じ種類のものは同じ場所に」これ、ざっくり収納の基本。ベッドルームの扉なしのクローゼットの棚は、「洋ものかご」専用。使う時はここから取り出し、使い終わったら同じ場所にしまう。考えてみると、この作業を忠実に繰り返していれば散らからないいんだよなー！　と当たり前のことに気づかせてくれたのがこの棚です。

ベッド脇には、直径一メートルの大きなかごを置いて。冬はここにお気に入りのブランケットを数枚、夏はコットンやリネンのタオルケットを。目覚まし時計や読みかけの本もこの中へ。掃除する時は、このかごをどかすだけ。

すぐにたまる本や雑誌はとりあえず本棚の空いたスペースに置いておき、時間のある時に、分類ごとに本棚へ収納。この作業、とても楽しいのですが、読みふけってしまってなかなか進まないのが悩みのタネ。

リビングのソファの上には蓋つきのかごを。テレビやDVDのリモコンとティッシュ、それからぬいぐるみが入っています。どうしてぬいぐるみかって？　蓋を開けるたびになごむから！

資料や本、ゲラなどは、ひとつの仕事ごとにひとつのかごにまとめて。これは今書いている本のいろいろが入ったかご。走り書きのメモや、取材先のショップカードなどのこまごましたものも、とりあえずこのかごに入れておき、あとで整理することにしています。この方法にしてからというもの「あ、あれどこにやったっけ？」と慌てることが少なくなったような気がします。名刺は小引き出しの名刺専用の引き出しに入れておき、いっぱいになったらファイルに整理。「編集者」とか「料理家」などとこまかく分類しておくと探す時にとっても楽ちん。

東北の県の花（岩手県）

町の竹細工屋のおばさんにもらった行李には便箋や封筒、葉書を入れています。そしてさらに、その中をお菓子の缶や箱で仕分け。平たい缶には切手を。椿柄の箱にはポチ袋を入れすっきり。葉書も切手もポチ袋も、いいなと思うものがあったら買っておいて、ここに収納。「こんなにたくさんのポチ袋、どうするの?」と以前、友人に聞かれたけれど、お月謝とか、写真代とか（おもに子ども関係ですが）、なにかと使い道があるものです。ゴムでまとめているのはいただいたお手紙の数々。思い出深いお手紙以外は二年経ったら、潔く処分することにしています。

コラム

子どもとお手伝い

私が小さかった頃、家のお手伝いといえば、おとなりさんに回覧板を持って行く、とか父と母の布団を敷くとか、そんなことくらいしかしていなかった記憶があります。クッキーの型抜きや餃子包みは「お手伝い」というよりは、楽しみに近い感じでした。

小学生の時、お菓子作りにはまった時期がありました。カップケーキやマーマレードなど、オーブンや火を使うお菓子も作りましたが、母は私の好きなようにキッチンを使わせてくれて、口出しは一切無し。子どもを持つようになってから、そういえばあの時、母はこうしたなぁ……などと思い出すことが多くなり、口出しをせずに、子どもを見守ることがどれだけ大変なことか！　よく何も言わないで好きにさせてくれたもんだ……と感心したのでした。

ついもどかしくなって「こうしなさい」「ああしなさい」などと言ってしまうものですものね。料理をしたり、洗濯ものをたたみながら出る母の何げない一言は、大人になってから「ああ、あの時言っていたことって、こういうことだったんだ」と納得することも多く、長い時間をかけて母の家事に対する考えがじんわり染み込んでいったのは、私にとってすごくよいことだったなぁ……なんて思っているのでした。

なので、娘に対しても、あまり「ああしなさい」「こうしなさい」とは言いません。私が楽しく料理をする姿や、せっせと床を拭く姿を見て、いつか大人になった時に「あの時、たしかママはこうしてた……」なんて思い出し、自分の家事に役立ててくれたらうれしい。直接的な言葉や方法で教える……というよりも、感じとって欲しい。そんな風に思っているのです。とはいえ、この家事の伝授はかなりの長期戦なので、(母はそんなつもりでしていたわけではないと思いますが)こちらとしては忍耐力も必要なのですが。

こんな風に育ってきたので、娘は「家のお手伝いをきちんとする、すごくよい子」ではないのですが、私が疲れているんだなと感じたら、さっと台所へ行き洗いものをしたり、洗濯ものをたたんだりと、自分にできそうな仕事を探してお手伝いをするようになりました。なにかしてあげたら「ありがとう」とか「ごちそうさま」とか「おいしかったよ」とか、応えてくれる。なんだかもう、それだけで私としては十分なのです。

小さかった娘もあと一年と少しで高校生。最近は、料理を覚えたいと言い出しました。まずは、おいしいごはんの炊き方と、お出汁の取り方、お味噌汁の作り方から教えて、次は簡単なパスタとスープにしようかな。いや、まずは買いものに一緒に行って、素材の選び方から教えたらいいかな……などとワクワク。ゆくゆくは、器のことについても、いろいろと覚えてくれるといいな、と思っています。

ワンマイルのおしゃれ

この章では、私のワンマイルウェアを紹介したいと思います。「ワンマイルウェア？何それ」と思った方も多いと思いますので、簡単に説明を。ワンマイル＝約一・六キロ。つまり、家にいる時ないし家から半径一・六キロメートルまでのところに出かける時に着る服、というわけです。もっと簡単に言うと「ちょっとそこまで」の服ですね。今日は家から一歩も出ない、という日でも、宅配便のお兄さんが来たり、ふいに娘の友だちが遊びに来たり。さすがに大人ともなるとパジャマのままで一日過ごすというわけにもいきません。パン粉がなかった、銀行にお金おろしにいかなくちゃ、図書館に本を返しにいかないと……日々暮らしていると特別な用事以外に、出かける機会って案外多いもの。そんな時、楽ちんでありながら、だらしなく見えず、だれかに見られてもオッケーな服を着ていれば安心です。

ではどんな服なのか？　きちんとした定義はないけれど私の場合は、清潔であることがまず第一。「ちょっとそこまでなんだし」という緩んだ気持ちから、シミがついていたり、毛玉がいっぱいの服を着ることのないようにしています。緩んだ日にかぎって大切な人にばったり会ったりするものですからね（ユーミンの歌にもそんなのがありましたっけ）。それから家でざぶざぶ洗濯ができること。アイロンがけのいらないもの。料理する時にエプロンを使わないので、トマトソースや揚げ物の油が服に撥ねてしまっても、くやしい思いをしなくてもよい、かわいい値段のものが理想。女らしさも重要だし、時には意外性があってもいいんじゃないか。……言い出すとキリがないのですが、ここのところをいい加減にするかしないかで、おばさんくさくなるか、かわいい大人の女性でいられるかが決まるんじゃないかな、と思っているのです。

薄手のコットンのチュニックとワンピースは着ていてさらりと気持ちがよく、洗濯してもすぐに乾くので、とても重宝します。シワが目立ちにくい小花柄は、アイロンがけ不要。かわいいだけじゃなく、手入れがラクというのも、ふだん着るものにおいて大事な条件。

ジーンズや、カーキのコットンパンツは同じものを四着ずつ持っていて、順繰りに穿いています。パーカもグレー、白、紫、ネイビーと、色違いで四色。一度、気に入るとそればっかり買うタイプ。なので、上に合わせるブラウスやチュニックなどは、雰囲気の異なるものを意識して選んでいます。でないと、いっつも同じものを着ているように見えてしまうから。

まっ白なリネンのブラウスには、松本の藍染め作家さんに染めてもらった手製のパンツを合わせて。まっ白ワンピースを着る時は下に黒いキャミソールとレギンスを。時々、「ふだん着に白？」と驚く人がいるけれど、汚れたら漂白剤を使って落とせばいいので、意外にも手入れは楽ちんです。

ナチュラルな色合いのリネンのブラウスとチュニックは、ジーンズと合わせて。あまり素朴になりすぎぬよう、最低限のメイク（パウダーと透明マスカラ、リップクリーム）をして髪はすっきり。かごはイギリスのオーガニック食材屋「DAYLESFORD」のもの。今、一番のお気に入り。お財布とカギとハンカチは手製の小さな布バッグに入れて、かごの中へ。

作業のしやすい七分丈の袖、何度洗濯しても、けっして型くずれしない丈夫さ、そして絶妙な色合わせ。一度着だすと「次はこの色、その次はこれ……」とやめられなくなる、マリメッコのボーダーシャツ。クローゼットに、このシマシマが並んでいるだけで、幸せな気分になります。そのおとなり、小さなトートもマリメッコ。これは銀行や郵便局に行く時に。「大事な用事用のバッグ」と呼んでいます。

底がどっしり安定しているかごは、買いものかごに。スーパーや市場でレジの人に「あら、たくさん入って便利そうなかごねー」などと話しかけられることもたびたびです。好きで集めたかごを、そんな風に言ってもらえると、まるで我が子が褒められているようで、とってもうれしい。

左はパリのパン屋さん「ポワラーヌ」のエコバッグ。かわいいだけじゃない、荷物がたっぷり入るえらいヤツ。

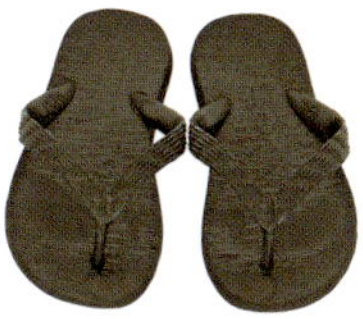

履くのに面倒でないビーサンや、スリッポン、履き慣れたスニーカーが基本。ビーサンは、オレンジ、白、茶……と、いろいろ履いてきましたが、ここ数年、黒に落ち着いていて、これは3代目。ちょっとおしゃれをしたい時はリボンがついた「エスパドリーユ」を。ヒールが高いのに安定感があり、とても歩きやすいんですよ。

もしものために

地震の多い国に住んでいることは重々承知しながらも、なぜだか「自分のところは大丈夫」という安心感がありました。三月十一日の震災が起こるまで。

テレビの向こうから流れてくる被災地の様子を見ながら、なすすべもなくぼーっとしたり悲しくなったり嘆いたり。ひとり勝手に不安になっていた私が、このままではいけない、そう思ったのは母のこんな言葉がきっかけでした。「慌てたってしょうがないじゃない。私はいつもと変わらない生活を送っていくわよ。なにがあろうとも自分の住む場所で生きていかなきゃいけないんだから」。震災直後、母の住む横浜も、スーパーからトイレットペーパーや水、食べものがなくなっていったそうですが、そんな時でも、いつもと変わらない様子で淡々と過ごす姿を見て「被災していない私たちに今できることは慌てず焦らず普通に生きていくことなんだ」、そう思ったのでした。

普通に生活することを心がけながらも、防災に関しての心構えは持つようにしました。まずはキャンプ用のリュックに必要なものを入れて、履き慣れたスニーカーとともに玄関脇の納戸に置くことに。友人知人と緊急時の集合場所を決めたり、消火器の使い方を確認したり。エレベーターに乗ることも極力控えるようになりました。娘とは学校からの帰宅経路を相談。「こういう場合はこうする」という段取りを少しずつ自分の頭の中に想い描くことによって「自分のところは大丈夫」という不確かな安心感がしだいにどこかへ消えていき、心の整理がついてきました。

家族がそばにいる。住む家がある。温かいものが食べられる。蛇口をひねれば水が出る。その他あげればキリがないけれど、当たり前だと思っていた「普通であること」がいかに大切で、自分をささえてきてくれたことか。今はそのことを感謝するばかりです。

リュックの中はこんな風。揃えたことで安心しないよう、時々出して、賞味期限などをチェックするようにしています。

ふだん使わないキャンプ用のリュックは防災用具を入れるのに最適。大きいリュックの中には毛布やタオル、火をおこすための道具などを。小さい方は水専用。両端のポケットには懐中電灯や、ラジオ、マスク、軍手などすぐに使いそうなものを入れておきます。

小さなバッグには保険証や免許証、テレフォンカードが入ったお財布と、携帯電話、携帯電話の充電器を入れて枕元に。

ラジオはお風呂でも使えるという防水のものを用意。時計はどこかに閉じ込められた場合のことを考えてアラームつきのものを。

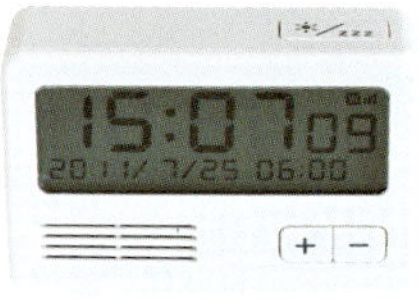

電気がつかず真っ暗だと不安も増すもの。懐中電灯はちゃんと点灯する？　電池は使える？　ときどきリュックから出して点検するようにしています。いざという時に使えなかったら準備しておいた意味がないですものね（ただしキャンドルは余震などが続く場合、火事の原因にもなりかねないので十分な注意が必要です）。

水やお米などはあればあるだけ安心ですが、持ち運ぶには限度もあります。私は「持てる分だけ」と決めて無理のない重量にしていますが、本来は家族の人数×三日分ほどあるとよいらしいです。

お湯を注ぐだけで食べられるスープやラーメン、温めるだけのカレーなども準備しておきます。今は、賞味期限の長い防災用のレトルトの食品などもたくさんあるのでそれらを利用するという手も。

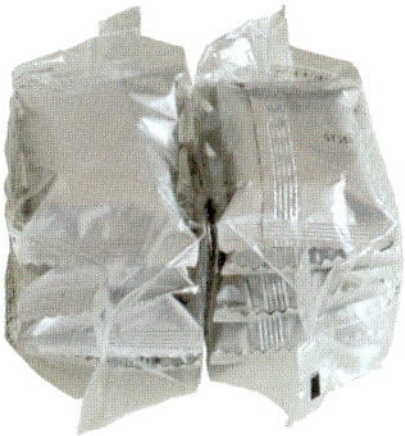

アルコール燃料を使って簡単に火をおこすことができるキャンプ用のコンロ。食器もキャンプ用。軽くてかさばらないようにできているすぐれものです。

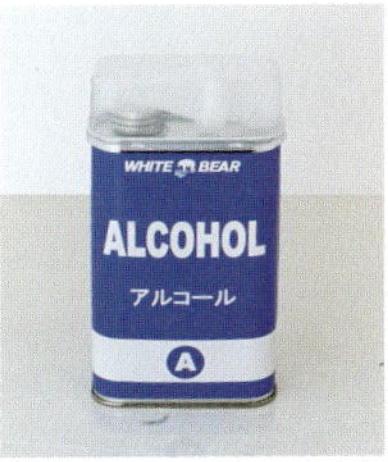

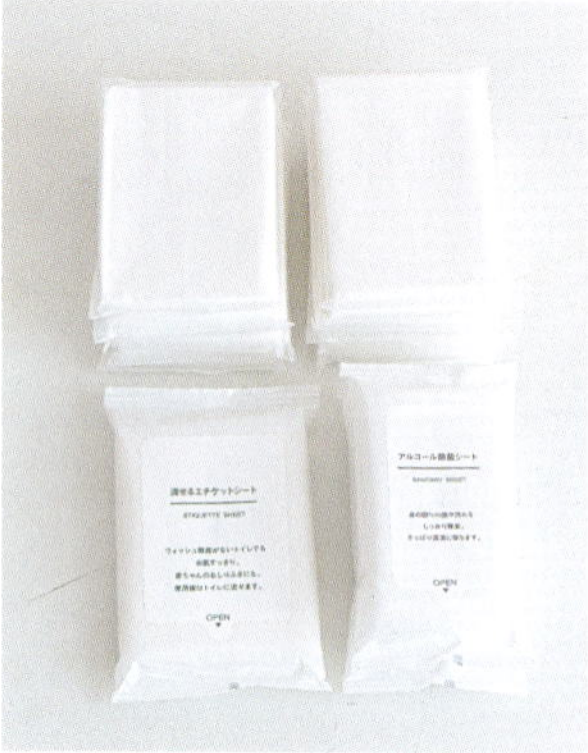

埃をふせぐためのマスクは防災の必須アイテムなのだとか。その他、ティッシュ、ウェットティッシュなど、多めに持っていると安心です。

下着と靴下、生理用品はリネンの袋にひとまとめ。軽くて暖かい毛布、薄手だけれど吸水性に優れたタオルは二枚ずつ準備。

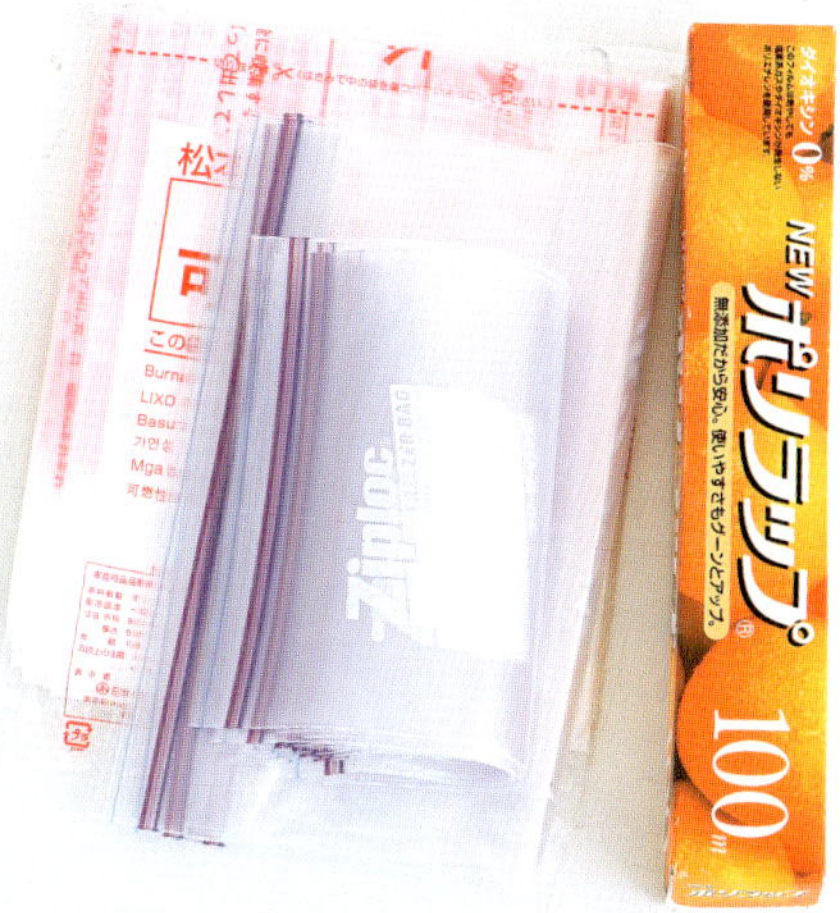

ラップは止血に使ったり、食器の上に敷いて食品を盛ったり(使用後、ラップごと捨てると洗わずに済むので)……といろいろな用途に使えるのだとか！　ゴミ袋やビニール袋、スーパーの袋なども重宝するそう。

ノート、油性のペン、携帯電話の充電器、テレフォンカード、お金（五万円くらい）、缶に入っているのは小銭。急には用意できないこういったこまごましたものは、必ず防災用のリュックに入れておくようにしたいものです。

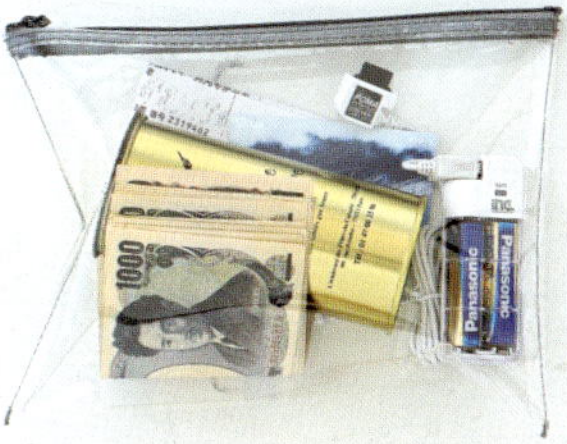

「あずき三粒」の教え

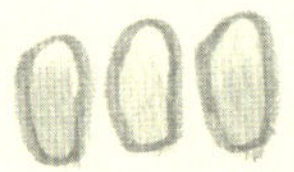

「あずき三粒、って言ってね、昔の人はあずきが三粒包めるくらいの大きさの布でも捨てずに大事にとっておいたものなんよ」。京都で古布を扱う店の主人が、こんなことを教えてくれました。どんな小さな布でも、継ぎ当てに使ったりはぎ合わせたりして最後まで使い切る。そういえば実家に眠っていた、父方のおばあちゃんが作ったという布も、着物の端切れを継ぎ足し継ぎ足しして布団が包めるくらいの大きさになっていたっけ。縫い目はけして上手とは言えないものだったけれど、家族のためにとチクチク手仕事をするおばあちゃんの愛と、生活の工夫のようなものが感じられる、そんな一枚でした。

赤ワインのシミがついてしまったテーブルクロスや、何度も洗濯を繰り返しよれっとしてしまったシーツ。いっそのこと、えいやっと処分してしまえればいいのだけれど、いつも布を前にすると、「あずき三粒……」という言葉が頭をかすめるのです。

使い古しの布で何かを作る……それは簡単なようで、案外難しいものです。手作り感に満ち満ちたものができあがってしまう場合もあるし、ともするとしみったれた印象にもなる。さあどうする？　と考えた末に、できあがったのが今回のものたちです。使わなくなったカーテン、シーツ、タオル……不要になった布を家中から集めて、欲しいものを作ってみました。きれいに洗濯したり、シミの部分は避けたり、丁寧に縫ったり、なんていう気づかいは必要ですが、どうです？　新しい布で作ったのとはまた違い、できあがったばかりなのに、こなれた表情をしているではありませんか。

本来の役割は終えてしまったけれど、まだ使える部分もある布。適当な大きさに切って、ぞうきん代わりにする、という手もありますが、ちょっと待った！　その前にもうひとつ役どころを与えてあげようではありませんか。

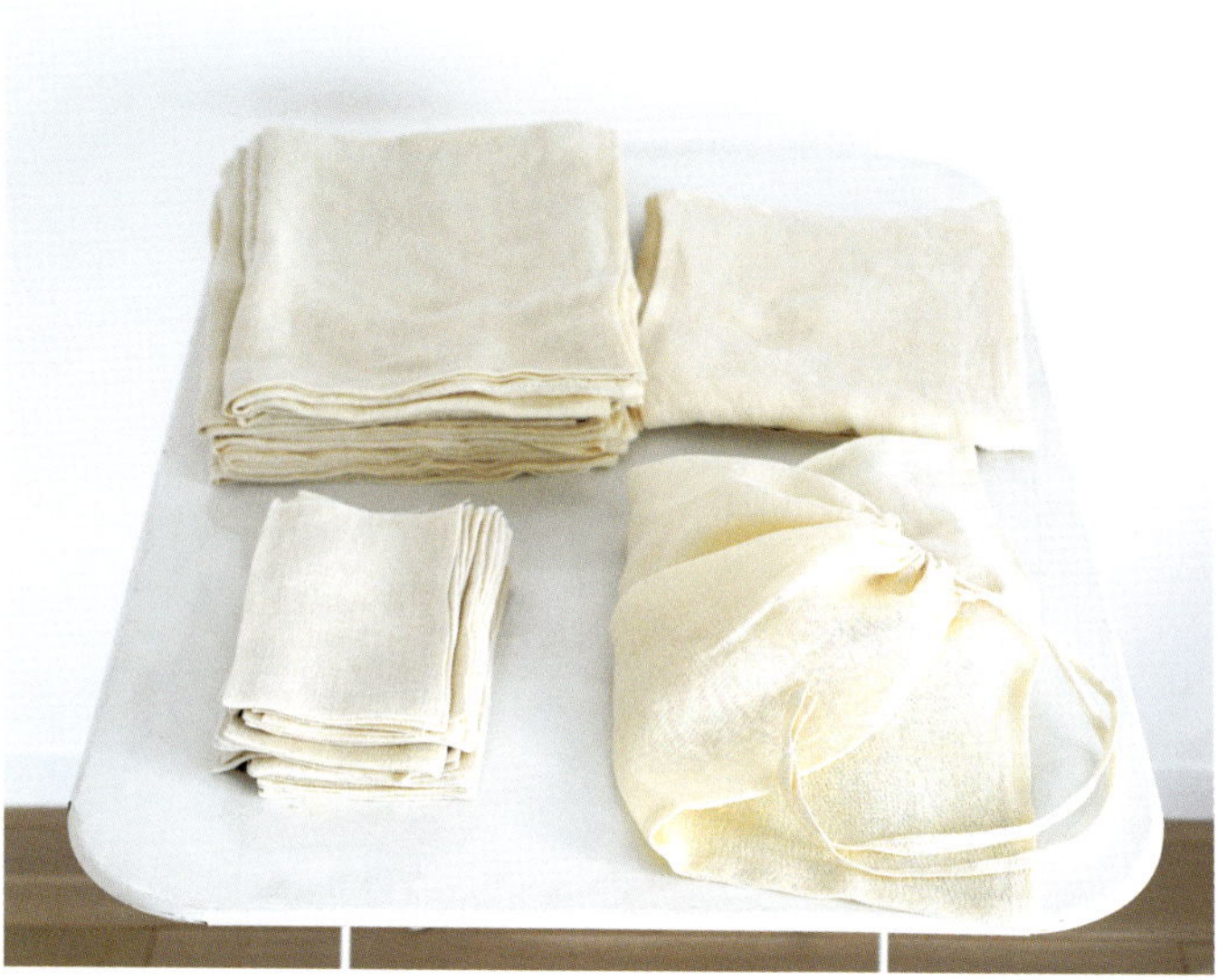

前の家でカーテンとして使っていたベルギー、リベコ・ラガエの薄手のリネン。ギャザーをたっぷり寄せていたので相当量の生地を使っていました。さっぱり洗い上げ、作ったのは幾通りもの大きさの風呂敷です。

風呂敷の余り布で作ったバスポプリ。実家で採れたローズマリーを入れています。使い捨てなので、布の端の始末もなし。瓶に入れて保存しておき、なくなりそうになったら、また縫います。

一番大きなものは一・五メートル四方。こちらはふだん使わないタオルケットや羽毛布団などを包んで。出番が多いのは一メートル四方のもの。季節外れの洋服や大切なバッグを包んだりします。でも一番作ってよかった！　と思うのは旅支度の時。「下着と靴下」「セーターと長袖Tシャツ」などに分けて出発。

体をのせる真ん中のあたりが薄くなってしまったシーツ。その部分を避け、胸元にギャザーを寄せたパジャマと、パジャマ入れを作りました。ダブルサイズなので使える部分はたくさん。「シーツ」と考えると、作るものを限定してしまいますが「一枚の布」と考えると、あれ作ってみようかな？　これ作ってみようかな？と想像が膨らみやすい。

余り布で作った小袋いろいろ。ティッシュやリップクリームなどを入れて散らかりがちなバッグの中を整理したり、デリケートな素材の下着を入れたり。

クッションや枕など、軽いけどかさ張るものってけっこうあるもの。こんな大きさの手つきのバッグを作っておくと便利です。

シミのついたキッチンクロスは鍋つかみに。中には洗濯を重ねた末、堅くなってしまったバスタオルを入れて。キッチンクロスもバスタオルも何度も水が通っているので、しなやかで手に馴染み、使いやすい。小さい鍋ならば鍋敷きとしても使えます。

バスタオルはリネンと組み合わせてバスマットにも変身。作り方はとても簡単。バスタオルとリネンを中表に合わせて口の部分を残し、ぐるりとミシンがけ。ひっくり返して口を手縫いで閉じるだけ！　用途は違いますが、バスマットも鍋つかみも作り方は一緒です。

鍋つかみとバスマットを作ったあと、さらにあまったタオルは正方形に切って、ほつれ防止のロックミシンをかけておきます。器を重ねる時、間にかませておくと安心。リネンは切りっぱなしでもオッケーです。

Q & A

家事は、
毎日のこまごました仕事の積み重ね。
大きいものから小さいものまで、
暮らしの中の疑問に
お答えします。

Q

おうちを選ぶときの優先順位を教えてください。

A

間取りはもちろん、交通の便や日当たり、子どもの学校が近いか、家賃……と、家選びの条件は人それぞれだと思います。私の場合は、**「ピンとくるかどうか」。**たとえ条件ぴったりの物件でも内見して「なんかちがうなぁ」と感じたら、借りることはやめます。勘ってけっこう大事なポイントだと思います。

Q

お金のやりくりで気をつけていることはありますか。家計簿はつけていますか？

A

マメな性格ではないので、家計簿はつけていません。が、だいたい今月はこれくらい使ったかな……とか今月は使いすぎたな……という気持ちは持つようにしています。

Q

トイレのお掃除、週に何回してますか？

A

トイレ掃除は基本的に朝と晩、一日二回します。それを人に言うと「えっ？」と驚かれますが、専用の洗剤をシュッシュッと吹きかけて、トイレットペーパーで拭き取るだけというとても簡単な方法。
十年くらい前まではトイレ掃除用のブラシを使っていましたが、使い終わったブラシの行方が気になって気になって……掃除をした後、ブラシを洗ってカラカラになるまで干さないと気持ちが落ち着かないんです。ある時、きれい好きで知られる料理家の先生に、トイレ掃除をどうしているかと尋ねたところ、使うたびにシュッシュッと洗剤をかけて、トイレットペーパーで拭き取っていると言っておられ、なるほどな〜っと思って以来、私もその方法でいかせていただいています。

Q

家を何日か空けるとき、必ずすることを教えてください。

A

月に何度も家を空けますが、その都度、ゴミ出しはもちろん、ベッドリネンを洗って干し、シンクはピカピカに、部屋中に掃除機をかけて、帰ってきた時に家がきれいな状態にしておきます。
疲れて帰ってきて家が散らかっていると疲れも倍増なので……。

Q

部屋は散らかっているし、洗濯物もたまっている。だけど何にもしたくない。そういう時って、ありますか？

A

どうしても家事をやりたくない日はだれだってあるものです。だれか代わりにしてくれる人がいるならば、「もうやだー」とごねてみる、という方法も。自分しかする人がいないならば、「やりたくない」という気持ちに忠実になればいいのでは？ 私もたまにそういう日がありますが、たまった家事を横目で見つつ、ベッドで本や漫画を読んだり、昼寝したり、ソファでＤＶＤを見ながらワインを飲んだりして、一日中だらしなくすごします。翌日には「じゃ、やるか」という気分になるものです。

Q

お風呂やトイレ、洗面所のタオルの替え時は決めていますか。

A

「におい」を感じたら……ではないでしょうか。私は洗いたてのタオルを使うことに至福を感じるタイプなので、毎日、替えています。

Q

下着や靴下の処分のタイミングがわかりません。もう限界だと思っても、持ち主である家族に「まだ大丈夫！」と言われることも……。

A

「人前でそれを着た時、恥ずかしいか恥ずかしくないか」がひとつの目安ではないでしょうか。家族のものが捨てられない……ですか？ こっそり捨てて、気づかれたら「あれー？ おかしいなぁ……」としらばっくれましょう。

Q

固形の石鹸をよく使うのですが、ちびた石鹸がどうしても捨てられません。

A

包みを開けた時と、ちびた姿になってからとでは、石鹸に対する温度差が自分の気持ちの中にあるものだなぁと思います。新しい石鹸を、ちびた石鹸に無理やりくっつけ、ひとつの石鹸として使うという知人もいますが、私は小さくなってきたら、いつもの二倍くらい豪快に泡を立て、早めに使い切ることにしています。前にタオルの撮影をさせてもらったお宅の洗面所に、いいかんじにちびた石鹸が置いてあって、その横にタオルを置いて撮影したところ、ものすごくリアリティのある絵が撮れたことがありました。それ以来、「ちびた姿もなかなかいいんじゃないか」とその姿に愛を感じ始めました。

理想のゴミ箱を探して

ずいぶん長いこと、台所に置くゴミ箱は白い蓋つきのものを使っていました。燃えるゴミ用と燃えないゴミ用、まっ白なゴミ箱がふたつ並んだその姿は台所の中でなんとも気持ちのよい空気を放ってくれていました。その清潔感を維持しようとゴミ捨ての度にゴミ箱の内側と外側を水拭き。夏、においが気になった時などはタワシでゴシゴシ洗って日光浴、という具合に台所のゴミ箱に関しては私なりに手をかけてきました。けれどもオランダ製のそのゴミ箱はすらりとした形をしているので日本のゴミ袋とサイズが合わないのです。容量もちょっと足りない。ゴミ収集日前夜は、蓋からゴミがはみ出さんばかりになってしまうのでした。見かけは気に入っているものの毎日のことですから、これではねぇ。もっといいゴミ箱はないものだろうか？　と常々思っていました。

ホームセンターや雑貨屋などに行くと必ずチェックするのがゴミ箱売り場です。いろんな色や形、大きさを取り揃えているにもかかわらず、一目見るなり「これだっ！」と叫びたくなるゴミ箱がない。中には汚れが目立たぬようグレーや白、黒などのまだら模様になっているものまであって、ここに気を使うのなら、もっとデザインや使い勝手のことを考えてくれればいいのに！　と、ひとりゴミ箱売り場で悶々としていたのでした。

あてどのないゴミ箱探しに終止符をうったのは、つい最近のこと。ふと入った雑貨屋で見つけたのが、この蓋つきゴミ箱です。ちょうどシンク下に収まる大きさ。内径もゴミ袋のサイズに合いそう。聞けばとても丈夫で長持ちするというし、錆びにくいので外に置いても大丈夫なのだとか。プラスティックゴミと、瓶缶用にふたつ。生ゴミは前から使っているまっ白なゴミ箱に入れることにし、現在我が家の台所のゴミ箱は全部で三つ。収まるところに収まって、台所も私の気持ちもすっきりさっぱりしています。

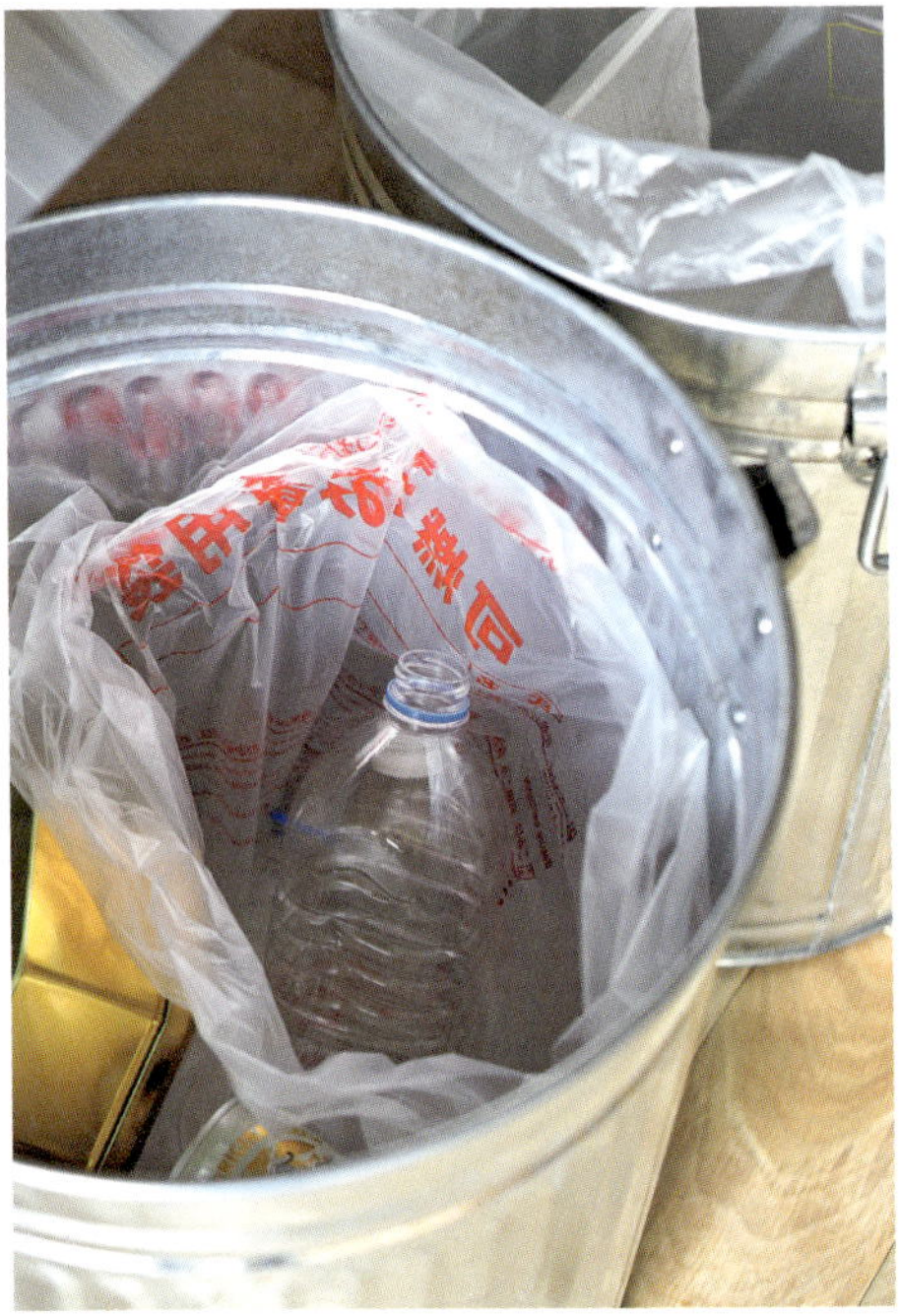

私が住む地域の瓶と缶の収集は月に一度。ワインの瓶や缶詰、お菓子の缶などけっこうな量がたまります。このゴミ箱を買うまでは、ベランダに置いてなんとなくやりすごしていましたが今はこんなかんじ。容量がたっぷりなので、ひとつのゴミ箱にペットボトルや瓶、缶と仕分けして収集日まで待機します。

今まで使っていたゴミ箱は生ゴミ専用に。生ゴミはゴミの乾燥機を使って乾燥させてから捨てていた時もありましたが、今は料理の都度、出たゴミを新聞紙に包んでからゴミ箱へポイ。このゴミ箱が汚れてきたなと思ったら掃除の合図。家中のゴミ箱を拭くことにしています。

「リビングにゴミ箱は置かない」を長年実行していましたが、二年前にあえなく断念。洋服の型紙をくるくるまるめて入れていたお気に入りの曲げ木の容れ物をゴミ箱に。ゴミ箱の存在を隠すために、ソファの後ろにひっそり置いています。

請求書を書いたり、領収証の整理をしたり。月に一度はやらなきゃいけない事務仕事。意外にも紙ゴミが出るものです。作業をするテーブルにゴミ箱代わりの紙袋をぺたりとテープで貼り付けて、即席のゴミ箱に。縫い物をする時もミシンの傍らにこの紙袋をぺたり。

資源ゴミの収集も月に一度。仕事の資料やゲラなどの紙ゴミは袋に入れて納戸に置いておきます。ひと月でずい分とたまるものだなあと毎度思います。じつは紙ゴミを分別するようになって、大事な資料や娘の学校のプリントをうっかり捨ててしまうことがなくなりました。ないな、と思ったらこの袋の中をごそごそと探します。

宛名や住所が書いてある封筒などを捨てる時はそれなりに気を遣うものです。シュレッダーを買おうかな、と思っていた時、無印良品で発見したのがこのスタンプ。消したい箇所にペタペタと押すだけで読みづらくなる、不思議なスタンプ。我が家ではこの作業は娘の仕事。

ゴミ箱が増えるとゴミ箱掃除も大変です。かといって他の部屋で出たゴミを台所のゴミ箱までいちいち捨てに行くのも面倒。かごを使っていた時期もありましたが、今は洗面所は小さな紙袋をゴミ箱代わりにすることに落ち着きました。見た目にすっきりするし、このまま捨てればいいのでラクチンです。

思い出のしまい方

ここのところ取材や打ち合わせなどで、月の半分近く家を空けている私。大まかな旅支度でも、困った経験はほとんどなくて、「なんだ。私ったらスーツケースひとつで暮らしていけるんだ」と新しい自分を発見したのでした。そこで、増えに増えた家の中の〝荷物〟を見直そうと、片付けをすることに。衝動買いした服、雑貨、本……知らず知らずのうちに、こんなにものがたまっていたのかとびっくりするやら呆れるやら。

しかしながら、どうしても「捨てられないもの」って、あるんですよね。私の場合は娘が小さかった頃の思い出の品の数々。保育園の連絡帳、メモ用紙の裏に書かれた落書き、段ボールや紙の切れ端で作った工作、ないと眠れなかったクマのぬいぐるみ、バレエのお稽古で着たレオタードにバレエシューズ……ぼろぼろになっていたり、毛玉がついていたりと、人が見ればガラクタ同然のものでも、私にとっては思い出がたくさん詰まった宝物。中学二年生になり、だんだんと親離れしていく娘を頼もしいとは思いつつも、やっぱりさみしい。そんな気持ちから時々、こうした品々を見ては「あの頃は手がかかったけどかわいかったよなぁ」などと思い出に浸っているのです。

ところで、横浜の実家には私の小さな頃の思い出のものが、やっぱり捨てずにとってあります。「これはパパがアメリカ出張のお土産に買ってきてくれたワンピース。あなた、すっごく気に入って洗濯しては着てたのよ」なんて話を母から聞くと、すっかり記憶から遠のいていたことでも、「ああそういえば……」としみじみ。私が娘に対して思う気持ちと、四十二歳の私に対して母が思う気持ちとでは若干温度差はあるようですが、それでもとっておいてくれてよかったな、とありがたい気持ちになるのです。

それぞれの「思い出」、あなたはどんな風にしまっていますか？

キッチン
吉本ばなな
私の台所
沢村貞子
暮しの手帖社
信州てくてく
おいしいもの探訪
伊藤まさこ
すこやかに おだやかに しなやかに
谷川俊太郎
福音館書店
もりのなか
ハンカチ刺繍
Sienet
MATTSSON
Patou le petit ours
信州ハンドクラフト紀帖
伊藤まさこ
デザイン
SORI YANAGI DESIGN
JEAN COCTEAU
Baby Bear, Baby Bear, What Do You See?
Henry Holt
My Apron
Philomel
ブラウンの詩の絵本
ワイズガード 絵
木坂涼 訳
フレーベル館
エリック・カール展
ルーシー・リーの陶磁器たち
Lucie Rie
Ana Tuominen
少年民藝館
外村吉之介
Petites recettes faciles
BRUNO MUNARI
ABC
信濃毎日新聞社

アルフ
絵本とは何か
松居直
Land of the Free
MACLEISH
Anna-Maja Nylén
HEMSLÖJD

絵本『ちいさいおうち』に出てくるような段ボールの家は娘が小学三年生の時の作品。横にはふたつ小さな窓が。セロハンテープでとめてあるので、ぼろぼろになってきてしまったけれど、とても気に入っていて本棚の特等席にずっと飾っています。

絵や落書き、切り絵などの紙ものは、一歳、二歳……と年ごとに箱に入れて保存。数字が左右逆になっている「こはる4んさい」の文字は、字を覚えたての娘が書いたものです。

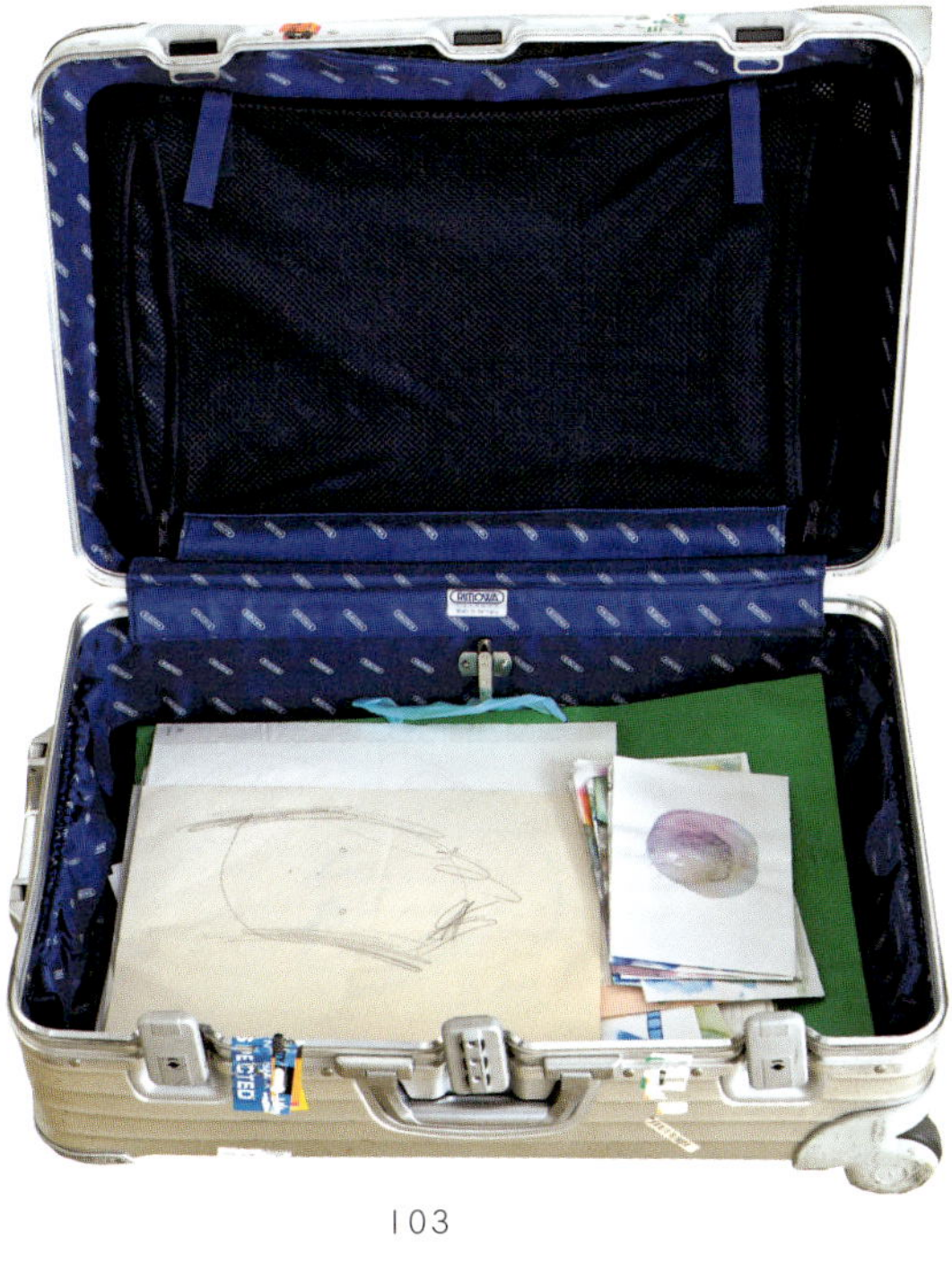

大きなサイズの画用紙は、スーツケースに入れています。ふだんあまり使わない大きなスーツケースの中は、意外にも収納に便利な場所。

ジーンズやカジュアルな格好もいいけれど、お出かけの時にはきちんとした服装をさせたいと、一年にひとつずつ革靴とシャーリングのワンピースを揃えていました。年ごとにすべて並べてみると、ちょっとずつ大きくなっていく様子が分かって感慨深い。

バレエのレッスンバッグやシューズ入れは、アメリカの通販の雑誌でみつけたバレリーナの女の子柄のシーツで作りました。得意になってこれを持ち、レッスンに通う娘の姿に目を細めたものです。

保育園のノートは、余り布でカバーをつけて。他の子と区別がつきやすいようにと、毎回、柄に気を配っていました。四年間通った保育園のノートは十冊以上。読み返すと、「仕事があるのに、娘は風邪気味で、先生どうしましょう?」なんて、言ってもしょうがないことが書いてあり、私も若かったんだなぁと、ちょっぴり苦笑。日記を書くなんて到底できない私だけれど、毎日こうして書き留めることができ、文章から娘と自分の成長を読み取ることができる機会を与えてくれた保育園の先生には感謝の言葉もありません。

アンティークのテーブルクロスを使って縫ったブラウスとパンツは四歳の頃のもの。ときどき衣装ケースから出し、風を通しがてら、一ヶ月くらいそのままリビングの壁に飾って眺めています。娘には服をたくさん縫ったけれど、これはその中でも特にお気に入り。

「色使いがいい!」と、親バカ心を刺激され、額に入れてみたのが下の切り絵。娘が熱心に切り貼りをしたのは、三歳くらい。見ているとその頃の娘の成長ぶりが浮かんできて、しんみりします。写真とは違った、こんな思い出の思い出し方もまたいいものです。

おままごとに使っていた木のキッチンはかさばるために泣く泣く友人宅にもらわれていきましたが、一緒に遊んでいた木のくだものは、やっぱりあげられなかった。お出かけに持っていったさくらんぼ柄のバッグに入れて。眠る時いつも一緒だったクマのぬいぐるみは、いろいろな方からいただいて、こんなにたくさん集まったけれど、じつはお気に入りは五匹くらい。毛玉のつき方で気に入り度がわかります。どちらも子供部屋のウォークインクローゼットへ。

姉ふたりと私、年下のいとこ、姉の子どもたち、うちの娘……と、四十年以上にわたっていろんな子どもが座ったベビー用の椅子。実家の納戸に眠っていたので、張り替えてディスプレー用にしようと思ったら、「そのままでいい」と母にあっさり断られました。母には母の思い入れがあるのだなぁ、余計なことを言ってしまった、と反省。それぞれの思い出のしまい方があるのですよね。

実家で大事にとっておいてくれているものいろいろ。犬のぬいぐるみやワンピースは外国へ出張に行った父のお土産。他にハワイ土産のムームーなどもあり。子どもの頃の洋服はほとんどが母の手作りでしたが、それらはすべていとこや近所の小さな子にあげてしまったそうで、残念で仕方ない。写真の中だけの思い出になっています。かごに入った陶器の小さな食器は、母の手仕事部屋の棚に孫の写真などと一緒に並べてある。ちゃんとお茶などを入れられるようになっており、それがとても楽しい記憶になっています。

コラム

物の量をいつも一定に

実家はいつもすっきりと片付いていて、家中によどみのない空気が漂っています。「どうしてだろう?」と母の動きを目で追っていると、あることに気がつきました。「出したら元にあった場所にしまう」。すごく簡単、すごくシンプルなのでした。

たとえば新聞。読み終えたら、気になる記事を切り取り、ノートにスクラップ。ノートはソファ脇の収納へ、切り終えた新聞は玄関脇の納戸の新聞入れへ。新聞入れがいっぱいになったら新聞回収へ……という具合。「ちょっとその辺に」とか「とりあえず……」と、適当な場所に物を置くことはありません。物の定位置とそこに置く物の量が決まっているのです。これって分かっちゃいるけど、なかなかできないことなんだよなぁ。

「思い出のしまい方」の章でも書きましたが、捨てられないものってだれにでもあるものです。けれどもそれ以外の自分の持ち物、見直したらどうにかなるんじゃないかな?

母に倣い、物の量を一定に保つ努力をすることにしました。

「努力」と言っても、大そうなことをするわけではありません。食器棚やクローゼット、本棚などから、物が溢れてきたな、と感じたら整理する、ただそれだけ。

服は春夏・秋冬、一年にだいたい二回と決めて、着るものと着ないものに仕分けします。着なくなった服は、綻びを直したり、クリーニングに出して、きれいな状態にしてから、体型の似通った友人に引き取ってもらいます。この時、「まだ着れるかもしれない」とか「あんまり着てないし……」「もったいない」などという想いが頭をよぎりますが、迷い始めるとキリがない。「一年着なかった服はこれからの一年も着ないもの」そう決めて、さっさと友人に渡す仕分け袋に入れてしまいます。

本はいただくことも多いし、自分でもたくさん買うしで、増える一方なのですが、服同様、心を鬼にして減らすことにしています。幸い「欲しい！」と言ってくれる友人がたくさんいるので、かごに仕分けしておいて、遊びに来た人に気に入った本を持って帰ってもらいます。

「もらった服、すごく重宝してる！」とか「本、大事にするね」などと言われると、「ああ。あそこんちに、もらわれていってよかった」としみじみ。手放したとはいえ、はじめは気に入って買ったもの。第二の人生を幸せにおくってもらえたら、こちらとしてもうれしいものです。

さて、こんな風にしてたえず物を循環させ、量を一定にして「出したものは、しまう」を心がけているのですが、母のようにそれが当たり前になっているかというと実はそうでもない。物が溢れていても、見て見ぬ振りする時もあるし、忙しいとやっぱり家の中はごちゃっとしてしまいます。料理や掃除と一緒で片づけも、「年季」が必要なのかしら？

一日の終わり方

ほぼ毎日、晩酌をするので晩ごはんを食べた後は、ちょっとほろ酔いになっています。流しにたまった洗いものを見て見ぬふりして寝てしまう日もごくまれにあるものの、ふだんの日は、ほろ酔い気分を楽しみつつ後片付けをします。器を洗って拭き、よく乾かしてから元にあった場所へ。シンクはスポンジでぎゅっぎゅとこすったあと、キッチンクロスで水気を拭き取る。床は固くしぼった布で拭く……片付けが進むうちに、台所がだんだんといつもの様子に戻っていくのがうれしくて、せっせと片付けに励むのです。シンクはピカピカ？　床に油はねはない？　器はきちんと食器棚に収まっている？　台所を見わたし「これでよし」となったら、お風呂にゆっくり浸かって一日の疲れを取ります。このゆったりした時間は、ささやかながら、がんばった自分へのごほうびというかんじ。

お風呂からあがったら、最後の一仕事。洗っておいたキッチンクロスを洗濯機から取り出して、一枚一枚シワを伸ばし干していきます。ハー、やれやれ。リビングに洗いたてのキッチンクロスが干された姿を見てやっと一日の家事が終わったことを実感します。「伊藤さんの家事の基本は『拭く』ですね」と言われたことがありますが、よく考えてみるとたしかにそうかも。きれいに拭いて、きちんと乾かす。台所はもちろん、食器棚の棚板一枚一枚、玄関の床も、スリッパの裏も、トイレも、本棚も……いつもせっせと拭いている。拭くと、自分の心の中まで小ざっぱりとするような気がするのです。ツルツル、ピカピカに拭かれ、みがかれた家はそこに住む人を幸せな気持ちにさせてくれる。時々面倒になりながらも、こうして毎日、家事を続けていられるのは、そんな気持ちになるからなのでしょうね。

食器は洗ったらすぐに拭き、シンクの中をカラにします。食器洗いの延長で、スポンジでシンク全体を洗ったら最後にキッチンクロスで乾拭き。後片付けをするたびに、こうしてきれいに磨き上げておくと汚れもたまらず、洗剤も使わないで済む。結果、とても楽チンなのです。毎回は面倒？　いえいえ、習慣になってしまえば、全然大丈夫。慣れてくるとシンクがピカピカになっていないと、落ち着かなくなるほどです。

水切りかごも、一日の終わりに、さささっとタワシで洗っておきます。こういう水回りのものって意外に汚れがたまりやすいのです。裏返して見たときに「ギャッ！」とならぬよう、ご注意あれ。スポンジやタワシは水気をよく切り、かごの上に置いて乾かします。きれいにするためのスポンジや、きれいにしたものを置くかごこそ、いつも清潔にしていたいものです。

一日に使うキッチンクロスはだいたい二十枚くらい。清潔なクロスは大きなガラスの器に。使い終わったクロスはその横の小さめの器にどんどん入れて、おしげなく使います。夜、お風呂に入る前にクロスを洗濯機に入れてガラガラ回し、お風呂上がりに洗い上がったクロスを干していきます。梅雨の時期から夏にかけては、洗濯する前に煮沸消毒を。ぐつぐつ煮る音は、バイキンを退治している気がしてなんとも気持ちがいいものです。

お風呂でゆっくりするために、バスオイルを数種類用意。ぬるめのお湯にオイルを入れて三十分ほど浸かります。どんなにばたばたした一日だったとしても、このお風呂の時間が、心を穏やかにして心地よい眠りに導いてくれるような気がします。

家事をがんばりすぎて、手がかさかさ、なんてことにならないように、お風呂上がりにはハンドクリームをたっぷり塗って。家事はきちんとこなしつつも手は美しいというのが理想。

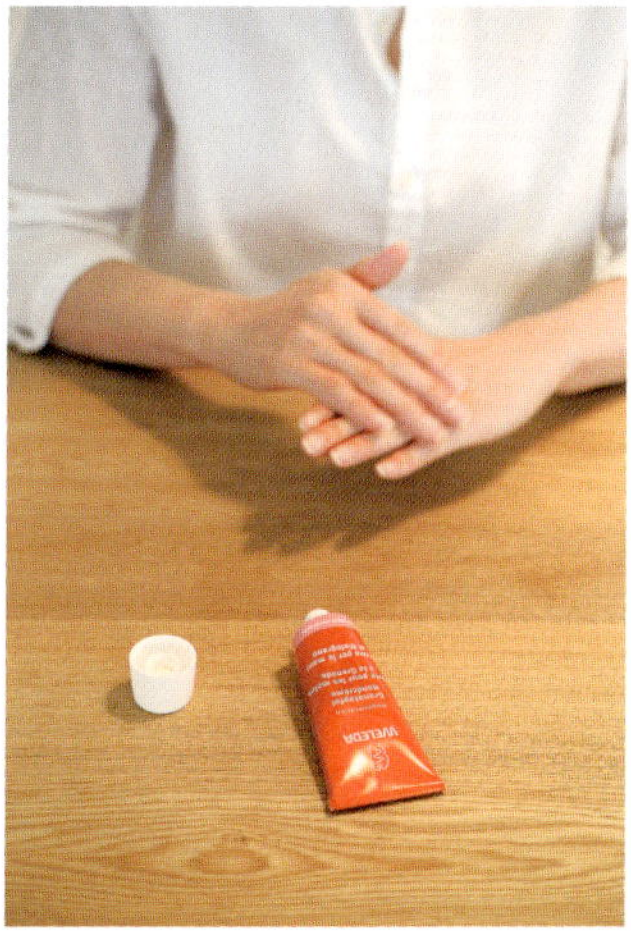

台所も片付いたし、お風呂にも入りました。あとは寝るだけ……なんだけど、ちょっとその前にお酒をほんの少し。グラッパやブランデーをちびちび飲むのもいいけれど、最近のお気に入りは自家製の杏酒です。ほどよい甘さでつい、くいくいいきそうになるのを抑えて、少しずつ愉しむことにしています。

一日のしめくくり、なんといっても一番好きな過ごし方はベッドでだらだらすることです。もしかしたらこの時間を過ごすために、一日がんばっているのかも？　というほどに。布団にもぐりこんで、もの思いにふけったり、本を読んだり。眠るのがもったいないなぁ……と思いつつも、いつもあっという間に眠り込んで朝になってしまうのですが。

あとがき

もともとこの本は「芸術新潮」で足かけ三年にわたって連載していたものでした。

最初は、ふだん当たり前のようにしている（そしてみんなも同じようにしていると思われる）私の家事を、「芸術」の雑誌で紹介してもいいものなのだろうか？　というとまどいがありました。

フランスでは"art de vivre"（アール・ド・ヴィーヴル＝生活はアートである）という言葉があります。それはつまり、毎日の生活を自分なりのこだわりや工夫によって、いろどりのあるすてきなものにしていくこと（私の解釈）。

美術館に行ったり、ギャラリーを訪れたりして、美しいものに触れるのと同じように、暮らしの中にも美しいものや、新鮮なおどろきが隠れている。……そう思うと、毎日って、人生って、すごくたのしい！　そう思えてきませんか。

いちごジャムを作っている時に出るまっ赤なアクに見とれたり、部屋の窓を開け放った時感じる風のにおいをお腹いっぱいすいこんだり、スープを煮る時のコトコトいう鍋の音に耳を澄ましたり……。

探せば私のまわりにはたくさんのartがあるのでした。そしてあなたのまわりにも、きっと、ね。

伊藤まさこ

1970年、神奈川県横浜市生まれ。文化服装学院でデザインと服作りを学ぶ。料理や雑貨、テーブルまわりのスタイリストとして、数々の女性誌や料理本で活躍。なにげない日常にかわいらしさを見つけ出すセンスと、地に足の着いた丁寧な暮らしぶりが人気を集める。近著に『松本十二か月』『伊藤まさこの雑食よみ』『軽井沢週末だより』『テリーヌブック』『伊藤まさこの台所道具』など。

ブックデザイン
渡部浩美

題字
いとう瞳

イラストレーション
著者

撮影
広瀬達郎［新潮社写真部］

初出＝「芸術新潮」2010年4月号〜2012年7月号の連載から14回分を抜粋、加筆・修正しました。

家事《かじ》のニホヘト

2012年12月20日　発行

著者　伊《い》藤《とう》まさこ
発行者　佐藤隆信
発行所　株式会社新潮社
〒162-8711　東京都新宿区矢来町71
電話　編集部　03-3266-5411
読者係　03-3266-5111
http://www.shinchosha.co.jp
印刷所　半七写真印刷工業株式会社
製本所　加藤製本株式会社
ISBN978-4-10-313872-3 C0095